K O D A N S H A

SENSHO MÉTIER

講談社選書メチエ

Cahier Sauvage

カイエ・ソバージュ Ⅳ

中沢新一

神の発明

はじめに　カイエ・ソバージュ（Cahier Sauvage）について

全部で五冊の予定でこれから続けて出される Cahier Sauvage のシリーズは、ここ数年の間におこなわれた講義の記録である。講義のおこなわれた場所は主に大学で、それを聞いているのはだいたいが大学の二・三年生、毎週木曜日の午後に「比較宗教論」の名前でおこなわれた。

講義の記録を本にするのは、今度がはじめてである。講演とはちがって、ひとつの主題をじっくり時間をかけて展開することができるし、文章を書くのとちがって、ここにはリアルタイムの批評家としての聞き手がある。聞き手との間の暗黙の駆け引き、関心を引き寄せるための演技。こうした心理的要素が、講義という形式に独特のケレン味を与えている。講義という形式をずいぶんと気に入っていることに、最近になって私は気付いた。

歩いているときや話をしながら同時に考えていることが多いので、せっかく浮かんだよいアイディアがそのまま消えてしまうこともしょっちゅうなのだが、これらの講義に限っては、熱心に記録を取っておいてくれる学生たちがいたおかげで、話されながら浮かんできた思考の飛沫は、幸いにして消滅をまぬかれることができた。あまり準備をしすぎると、よい講義はできない。インプロビゼーションの闊達さが消えてしまうからである。素材を選び、だいたいのコード進行を決め、語りだしのキーの高ささえ決めておけば、あとは主題が（うまくいけば）自動的に展開していってくれる。そういう信仰が揺らがなければ、その講義時間は幸福である。しかしひとたびそこに動揺が忍び込むときには、むなしさに淀んだ気持ちを抱えながら教場を後にすることになる。

この一連の講義によって、私は自分たちの生きているこの現代という時代の持つ過渡的な性格を、明らかにしてみようと努めた。私たちは科学革命という「第二次形而上学革命」(これはウエルベックが『素粒子』で使っている言い方だ)以後の世界を生きている。そしてその世界がようやく潜在的可能性の全貌を、遠からぬ将来あらわに示すであろうというさまざまな兆候が、現れ始めている。

この第二次の「形而上学革命」は奇妙な性格を持っていることを、レヴィ=ストロースがすでに明らかにしている。近現代の科学が駆使してきた思考の道具一式は、およそ一万年前にはじまった新石器革命の時期に、私たちもその子孫であるホモサピエンス・サピエンスの獲得した知的能力の中に、すでにすべてが用意されていたのである。技術や社会制度、神話や儀礼を通して表現されたその能力と根本的に異なるものを、私たちの科学はかつて一度もしめしたことがない。量子力学と分子生物学でさえ、三万年前のまだ旧石器を用いていた頃のホモサピエンス・サピエンスの脳に起こった革命的な変化が可能にした、その直接的な思考の果実なのである。

第一次の「形而上学革命」である一神教の成立がもたらした宗教は、新石器革命的な文明の大規模な否定や抑圧の上に成立している。その抑圧された「野生の思考」と呼ばれる思考の能力が、第二次の「形而上学革命」を通して、装いも根拠も新たに「科学」として復活をとげたのである。現代生活は、三万数千年前ヨーロッパの北方に広がる巨大な氷河群を前にして、サバイバルのために脳内ニューロンの接合様式を変化させることに成功した人類の獲得した潜在能力を、全面的に展開することとして出来上がってきたが、その革命の成果がほぼ出尽くしてしまうのではないか、という予感の広がりはじめているのが、今なのである。

私たちはこういう過渡的な時期を生きている。第三次の「形而上学革命」はまだ先のことだ。そういう時代を生きる知性に与えられた課題は、洗礼者ヨハネのように、魂におけるヨルダン川のほとりに立って、きたるべきその革命がどのような構造を持つことになるかを、できるだけ正確に見通しておくことであろう。宗教は科学（野生の思考と呼ばれる科学）を抑圧することによって、人類の精神に新しい地平を開いた。その宗教を否定して、今日の科学は地上のヘゲモニーを獲得した。そうなると、第三次の「形而上学革命」がどのような構造を持つものになるか、およその見通しを持つことができる。それは、今日の科学に限界づけをもたらしている諸条件（生命科学の機械論的凡庸さ、分子生物学と熱力学の結合の不十分さ、量子力学的世界観の生活と思考の全領野への拡がりを阻んでいる西欧型資本主義の影響力など）を否定して、一神教の開いた地平をまだ未知に属する新しい思考によって変革することによってもたらされるであろう。

そこでこの一連の講義では、旧石器人類の思考から一神教の成り立ちまで、「超越的なもの」について、およそ人類の考え得たことの全領域を踏破してみることをめざして、神話からはじまってグローバリズムの神学的構造にいたるまで、いたって野放図な足取りで思考が展開された。したがってこのシリーズは「野放図な思考の散策」という意味をこめて、こう名づけられている。もちろんそこには *La Pensée Sauvage*（『野生の思考』）という書物とそれを書いた人物への、私自身の変わらぬ敬愛と憧憬がこめられていることはたしかである。私は七十年代までに展開された二十世紀知性の達成に対する深い尊敬と愛を、今も変わることなく抱き続けていて、そのノスタルジーが私を過去につなぎとめている。

＊　＊　＊

四巻目の主題は「超越性」の発生である。思考のうちに、どのようにして思考の外にあるものについての思考が生まれたのか。この難問についても、私たちはこの「カイエ・ソバージュ」のシリーズに一貫した観点を貫き通してみようとした。「超越性」の体験のようなものでさえ、人間の知性の外から訪れるものではなく、現生人類に特有な心の構造だけが「見る」ことのできる、すぐれて人間的な現象であることを、あきらかにしてみようとしたのである。

レヴィ＝ストロースの仕事は、かつて哲学者に「超越者なきカント主義」と評されたことがあるが、構造主義の方法は「超越性」の問題が自分の中に入り込んでくることを、厳しく排除してきたのだった。そのおかげで、神話の研究は大いに深められることになった。神話的思考は有限な思考の手続きだけを用いることで、宇宙の中の人間存在の意味をあきらかにしようとしてきた点で、まったく人類最古の「哲学」と呼んでよいものだったからである。

しかし、神話を語っているその同じ社会にも、宗教的思考は存在するのである。宗教的思考は、有限な思考の手続きが通用しなくなる例外的な状況、限界的な状況に、好んで接近を試みていく。ときには哲学やその他もろもろの良識ある思考の敵対者であるかのような振る舞いさえする。そのために、言語の深層構造とのアナロジーを土台にして、人間の思考能力を解き明かそうとした構造主義は、「超越性」にかかわる宗教的思考からは、慎重に身を遠ざけたのである。

この本の中で、私はそれとは異なる思考を切り開くことによって、そのような慎重さは人間研究には無用であることを示そうとした。神話的思考を現生人類に可能にした脳組織の革命的変化がおこるのとまったく同時に、その同じ脳組織に「超越性」の直観が発生することを、私はあきらかにしようとした。領域化された知性の働きを横断的に結んでいく流動的知性の活動を可能にするような、ニューロンの新しい組織体がつくられることによって、隠喩《メタファー》軸と換喩《メトニミー》軸の組み合わせからなる、言語の深層構造がつくられる。その深層構造をとおして、詩的言語、神話、音楽などが生まれてくるのである。こういったタイプの「構造主義的知性」の活動は、流動的知性と領域化された表現機構とが交わるところにつくられるわけである。

ところが、思考が流動的知性そのものに焦点をあわせるとき、そこには別の光景が出現してくる。そのとき思考は流動的知性を、どんな知的機能にも所属しない、どこにも領域化されない、どんな限定づけをも受けない、純粋な光としてとらえるようになるだろう。「超越性」の思考の発生である。したがって、それは神話的思考とまったく同時に、同じ脳の組織体をとおして、人類の心のうちに出現することが可能だったのである。

はじめ「超越性」の直観は、「スピリット」の活動として表現され、さまざまなタイプの探究が試みられることになった。スピリットはじつにさまざまな呼び名と形をとりながら、あらゆる人間の心に住みついてきた。いろいろな社会のスピリットについての思考や表現を見ていて気づくのは、それが精神的なものと物質的なものとの、ちょうど境界でおこる現象として、奇妙なマテリアリテ（物質性）を具《そな》えていることである。日本古語の「モノ」ということばの深遠な含意を思い起こしていただくだけでも、そのことはよくわかる。いまでは「超越性」は神《ゴッド》の世界の特性として、感覚の彼方に引き上げられてしまっているが、はじまりの状態でのそれは、形而上でもなく形而下でもない、物質でもなく精神でもない、不思議な第三の原素材としての性格を、はっきりと具えていたことがわかるのだ。

この心の胎児とも心の原素材とも言うべきスピリットが、さまざまなトポロジー変形をおこしていくときに、神の形象がかたちづくられていく。いわば「アフリカ的段階」のスピリットに加えられた最初のトポロジー変形からは、多神教を構成する神々の体系がつくられる。その過程を追っていた私自身が驚いたことだが、そのときに心の中でおこる変形過程は、物理学が「対称性の自発的破れ」と呼んで研究してきた過程と、酷似しているのである。ここにも、原素材としてのスピリットの示す半-物質性の特徴がよく示されている。心の科学と物質の科学は、このようなレベルで確実なつながりを見出すことができる。おそらく、そこが二十一世紀の思考の、ひとつの重要な突破口となっていくのだろう。

唯一神をめぐる宗教的思考でさえ、同じトポロジー変形の過程によって、思考実験的につくりだしてみることができる。私はゲーテの真似をして、思考実験のフラスコの中に、それをつくりだしてみようとした。スピリットに具わったすべての「徳」と「愛」と「超越性」をもってすれば、唯一神をつくりだすことも不可能ではないことを、示してみたかったのである。その結果思いもかけず、今日の世界を覆っている「非対称性の思考」が人類の心に生まれ出る、その運命の分岐点に歩み出てしまうことになった。現代世界のかかえる最大の困難が、そこから発生している。

人間の心が神を発明するのである。ここには、宗教の本質をめぐるマルクスの洞察が大きな影を落としている。唯一神にかかわる神学や形而上学の問題でさえ、物質的な過程と連動した歴史の中でこそ、はじめて真実の意味が理解される。私はこのように理解された「マテリアリズム」の方法を駆使して、この本で、人間の心にほんらい具わった霊性を擁護しようと試みたのである。

中沢新一

謝辞

講義の記録とまとめをしてくれたのは、今回も馬淵千夏さん、面倒な編集の実務をおこなってくださったのは園部雅一さん、どうもありがとうございました。みなさんの協力のおかげで、ついに四巻目がでます。

カイエ・ソバージュ Ⅳ

神の発明 目次

序章

スピリットが明かす神《ゴッド》の秘密

ゴドーを待ちながら

初回だと言うのに遅くなってごめんなさい（十五分ほど遅刻）。なかなか手の離せない用事があったものですから……。

ところでその間、みなさんは何かを待っていました。何を待っていたのでしょう。私の名前をもった誰かが、この部屋の扉を開いて入ってくるのを待っていた、そしてその人が語ることばの内容を待っていたわけです。

意味の到来を待っていた、ということもできるでしょう。神《ゴッド》はこの世界に意味をもたらすと言われています。そうすると、みなさんが待っていたのは神だった、ということになりませんか。アイルランドの作家サミュエル・ベケットの書いた有名な戯曲『ゴドーを待ちながら』をご存じの方ならば、それが現代人のおかれている状況の象徴であることに気づくことでしょう。何かを待ち続ける、そこにはとても深い意味が隠されています……。もちろんだからといって、遅刻の言い訳にはなりませんけどね。

さて、この状況がすでに、今学期の講義の主題への入り口を、的確にさししめしています。私たちは「神」という日本語のことばによって、ヨーロッパのキリスト教文明の中で発達した「超越者」の概念にあたる意味内容をも、言い表そうとしています。その神は、私たちの世界の外にいて、世界を存在させ、それに意味や秩序をあたえていると考えられてきました。ですから、その神が一瞬たりともいなくなってしまえば、世界に意味づけをすることも、その中で生きている者同士がたがいにコミュニケーションをおこなうことも不可能になってしまうでしょう。

西欧世界で宗教というものがまだ大きな影響力をふるっていた頃には、そういう考えは一般的なものでしたが、近代になって「神は死んだ」などとおおっぴらに言われるようになってからは、人生に意味づけしたり、この世界はなぜあるのかといった問いを考えるために、もはや「神」や「救世主」などの考えに、安易にすがることができなくなってしまいました。そのため人生そのものが、やってくるのかどうかもわからないその「ゴドー（Godot）」という人を待っている、きわめて不確かなものに変貌してしまっていることを、認めなくてはならなくなっています。じつは近代の意識というのは、この神《ゴッド》の存在の不確かさの感覚から発生しているのです。

しかしそういう時代になっても、大きな戦争がはじまったりすると、大統領の口からはさかんにゴッド（God）という言葉が発せられて、ゴッドの正義の名のもとにおこなわれる戦争の遂行が国民に呼びかけられ、たくさんの人々がそのことばに真剣に聞き入っている光景を見かけることになります。私たちの多くがこの光景に違和感をもつのは、「神」というものが絶対的な正義と結びついたりする発想法に、なじめないからです。

明治時代になってから、日本人はこの「神」ということばでユダヤ教やキリスト教やイスラム教のようないわゆる一神教の神《ゴッド》のことをも表現するようになりましたが、この日本語のことばの深層には別の本質と意味内容をもった神（いや神々といったほうがいいでしょう）が、まだまだ旺盛な生命力をもって生きていて、一神教の神のあり方に、いまだにブーイングを鳴らし続けているからです。

スピリットとしてのカミ

つまり、近代の日本語には二種類の「神」がいるのです。一つは God や Dieu などの翻訳語として、おもにキリスト教とともに日本語の中に入ってきた神です。この神は人間からも自分以外の神々からも超越した存在だ、と考えられています。人間が感覚によってとらえ、思考によって認識し、行為によってつくりあげている世界のすべてから超越しており、その世界を創造し、その世界に秩序を与えているのが、この神《ゴッド》です。感覚からも超越しているために、具体的なイメージでとらえることもできないし、本来は像を描くことすらもできないほどに、高度な抽象性でとらえられています。

またこの神《ゴッド》は、もろもろの精霊たちをも超越しているために、キリスト教の中に聖霊（Sanct Spiritus）として取り入れられたスピリットの仲間たちを例外とすれば、スピリットはむしろ一神教の宗教のシステムの外に置かれて、排除や抑圧を受けることのほうが多いのです。

ところが私たちは、もう一つの種類の「神」を知っています。こちらのほうは、もともとが自然現象と結びついた具体的なイメージをもっています。『古事記』や『日本書紀』をちょっと開いてみるだけでも、そういう神にすぐ出会うことができます。太陽の神、月の神、水の神、海の表面近くの神、海中の神、海底にいる神、火の神、穀物の神、飛沫の神、溶けた鉄の神、汗の神、などなど、ほとんど森羅万象にこの神は住んでいます。

そればかりではありません。真っ赤な鳥居の稲荷神社に行けば、狐の神が祀《まつ》られていますし、蛇がご神体になっているという神社もたくさんあります。ようするにこのタイプの神たちは、もとをたどれば精霊的な存在であったもので、それがしだいに洗練されていま残っているような姿をとるようになったとはいえ、スピリットの世界との密接なつながりを失っていないのです。こういうタイプの神を、ゴッドとしての神と区別するために、とりあえず「カミ」と呼ぶことにしましょう。このカミはたしかに人間よりもすぐれた能力をもっていることが多いので、超越的な側面もないとは言えません。しかし、神《ゴッド》のように、人間の感覚や思考がつくる世界の外に、完全に超越してしまうということがないのです。

私たちがこうして今も使用している近代の日本語では、このように同じ「神」ということばで、まったくタイプの違う二つの神、つまりゴッドとしての神とスピリットとしてのカミを一緒くたにして表現してしまっています。そのために、いろいろな場面で混乱が生じて、一神教に対する私たちの理解を歪《ゆが》めています。私はこの講義で、スピリットからの神《ゴッド》の発生をできるだけ精密に再現してみようと目論《もくろ》んでいますが、それによってこうした混乱に終止符を打ちたいと願うのです。

視点のひっくり返し

スピリット族の中から神《ゴッド》は発生したのであって、そのほかの可能性は考えられません。しかもそれがいつ頃、どこでおこったのかさえ、ほぼわかっています。ですから、神《ゴッド》の本質を理解するためには、それまでの仲間であったスピリットたちの環《わ》を抜け出して、どうやって単独の神としての自立がおこなわれたかを、スピリット世界の内面から理解する試みがおこなわれなければならないはずです。ところが、そういう作業はいままで満足におこなわれたためしがないのです。

多くの人類学者や宗教学者は、スピリットが神《ゴッド》に進化したのだと考えようとしてきました。自然の諸物に生命や霊力が宿ると考えられたアニミズムの段階から、そしてとうとう人格をもった神《ゴッド》の観念が生まれたと、段階的な進化のプロセスで神《ゴッド》の発生を理解しようとしてきたのです。この考え方には、大きな難点があります。あとで詳しく説明していきますが、アニミズムの思考が濃厚におこなわれている社会で、唯一神とみまごうばかりの神の考え方が共存しているケースを、たくさん発見することができるからです。

視点をひっくり返してみる必要があります。スピリットからの神《ゴッド》の離脱は必然的なものではなく、そこには本質的な進化などはおこっていない、というのが私の基本的な考えです。こんなことを主張するのは、唯一神としての特徴をすべて備えながら、スピリット世界から離脱することなく、一緒になって大きな全体性をつくっているという実例を、たくさん見出すことができるからです。日本列島に発達したカミの世界のあり方などもその一例ですが、もう少しあとになれば、そういう神のあり方のほうが一般的で、一神教のとった離脱の冒険のほうが、むしろ例外的な現象であることを、みなさんも理解されることでしょう。

スピリットはあけすけに語るだろう

ここには、首長から王への変貌は社会進化の必然などではなく、そのほうがよいと判断した人々の社会では、王と国家が出現してもいいあらゆる条件が備わっているにもかかわらず、賢明な首長たちは自分が王のような存在になろうとはしなかったという、『熊から王へ　カイエ・ソバージュII』で描かれたのと同じ状況があらわれています。スピリットたちの中には、いつ唯一神としての立場を主張してもおかしくない大変に立派なスピリット（アメリカ先住民はそれを「グレートスピリット」と呼びました）がいるのにもかかわらず、スピリットたちの環《わ》から離脱して、超越者の位置に進み出ることを否定してきた者たちがいます。そういう偉大なスピリットたちは、諸霊の王になろうとはしなかったのです。

王と国家の発生は、人類のつくりだす社会に、後戻り不能な決定的な変化を生み出しました。唯一神としての神《ゴッド》の発生にも、同じことが言えます。スピリットの環の中からただ一人の神《ゴッド》が離脱を果たすことによって、人類の思考には、これまた後戻りのできない決定的な変化がつくられることになったのです。しかも、この二つのプロセス、国家の発生と神《ゴッド》の発明とは、内面で深く結びあっていま す。

そのとき、いったいどんなことが、人類の思考の内部でおこったのでしょう。進化でも必然でもないとしたら、なにが神《ゴッド》の出現を促《うなが》したのでしょう。この問題を考えることは、今日の世界におこっているさまざまな危機の本質を理解するうえでも、きわめて重要です。一神教の思考法が作り出したさまざまなシステムは、経済・社会・科学などのあらゆる分野で大きな影響力をもって、いまや地球上に単一のグローバル文化の網を張りめぐらそうとしていますが、私たちがそれに飲み込まれてしまうことなく、独自の生き方やものの考え方などを育てていくためにも、このことの理解は必要です。

今まで哲学や科学によって、神《ゴッド》の本質を解明しようという試みはたくさんありましたが、スピリットの思考によって内面から神《ゴッド》の秘密を明らかにする試みはありませんでした。しかし、古いつきあいのスピリットたちには、自分たちのところから出世して、そのうちに昔を知る自分たちを駆逐しようとさえしてきた神《ゴッド》の秘密や弱点を、他の誰よりもよく知り抜いているはずです。そこで、今学期の講義は「スピリットが明かす神の秘密」が主題となります。

神《ゴッド》の問題を、今日もっともあけすけなかたちで語るには、この方法によるのがいちばんだと思います。なにせ口さがないスピリットたちの語ることです。これだと融通のきかない科学性からも思想性《イデオロギー》からも、自由でいられますからね。はじめは押し開くのが難しいと思われた今学期の講義の主題への扉も、思いの外スムーズに開かれることとなりました。遅刻の効用というものですね。

スピリットの世界への入り口

とはいえ、みなさんをいきなりスピリットの世界に引きずり込むのは、さすがの私もちょっと気が引けます。そこでまずは小手調べもかねて、私たちにもなじみのある入り口から、その世界をちょっと覗いてみることからはじめましょう。いくらでも実例はあげることができます。水木しげるの漫画の世界にみちみちているのは、まぎれもないスピリットたちですし、最近有名になったトトロなども、言うまでもなくその仲間です。

スピリットはいわゆる「文明国」では、その社会の「遅れた部分」、たとえば都会から遠く離れた田舎に住む人たちの心などに住みついているもの、と考えられていましたから、その世界をいちばん深く知る近代の学問と言えば、民俗学をおいてほかにありません。じっさいそこには、ほとんど無数のスピリットたちの活動の痕跡が記録されています。柳田國男《やなぎたくにお》の『遠野物語』のもとになった岩手県の伝承に語られている「座敷童子《ざしきわらし》」などは、そうしたスピリットの典型的な存在でしょう。

旧家にはザシキワラシという神の住みたもう家少なからず。この神は多くは十二三ばかりの童児なり。おりおり人に姿を見することあり。土淵村大字飯豊《いいで》の今淵勘十郎という人の家にては、近きころ高等女学校にいる娘の休暇にて帰りてありしが、或る日廊下にてはたとザシキワラシに行き逢い大いに驚きしことあり。これは正《まさ》しく男の児なりき。同じ村山口なる佐々木氏にては、母人ひとり縫物しておりしに、次の間にて紙のがさがさという音あり。この室は家の主人の部屋にて、その時は東京に行き不在の折なれば、怪しと思いて板戸を開き見るに何の影もなし。しばらくの間坐りて居ればやがてまた頻《しき》りに鼻を鳴らす音あり。さては座敷ワラシなりけりと思えり。この家にも座敷ワラシ住めりということ、久しき以前よりの沙汰なりき。この神の宿りたもう家は富貴自在なりということなり（柳田國男『遠野物語・山の人生』岩波文庫、一九七六）。

増殖の中空空間

ここから私たちは、スピリットとスピリットの住む空間の重要な特徴のいくつかを、取り出してくることができます。スピリットはまわりを閉ざされた空間の中に、いつもは閉じこもっています。卵や繭《まゆ》のような、中が中空になった空間の内部に密閉されているイメージです。座敷童子が薄暗い、めったに人の出入りしない奥座敷を住処《すみか》にしているというのも、そういうイメージにもとづいています。神はしばしば天空の高いところにいるというイメージがありますが、スピリットはむしろ洞窟や祠《ほこら》や岩の割れ目や森の中の木のウロのような、光がさんさんと射し込んでくることのない、薄暗い密閉された空間を好むようです。

その空間から、スピリットはデリケートに出入りをおこないます。あらわれた!! と思った瞬間にはもう姿を消していたり、見知らぬ子供の姿であらわれて、みなが気づかないうちに、すっと姿を消してしまうことも多いようです。これも神社や神殿の中に祀られた神とは、行動様式の異なる点です。神官たちが祝詞《のりと》を唱えたりすることによって呼び出されてくる神とは違って、スピリットの行動は人間の思考にも意志にも縛られることがありません。ひょっとすると神の思い通りにもいかないのが、彼らの行動なのではないでしょうか。つまり、スピリットは思考や意志の及ばない場所を、活動領域としているわけです。

さらに、スピリットが住処としている中空の空間はまた、さまざまな「増殖」のおこなわれる空間でもあります。富や食べ物や高い価値をもったものが、そこからやってくると考えられています。そのために、東北では豊かな財産をもった家の奥座敷には、その家に好意を抱いている童子の姿をしたスピリットが住んでいて、それが座敷に住んでいる間は栄えるけれども、なにかの拍子にご機嫌を損じてプイッとどこかへいなくなったりでもすると、たちまちにして没落が始まるというふうに考えられたのでした。

ここからつぎのようなイメージが紡《つむ》ぎ出されてきます。スピリットは人間の思考や意志や欲望がいっぱいの「現実」の世界からは隔てられ、閉ざされた空間の中に潜んでいますが、完全に「現実」から遮断されたり、遠く離れてしまったりしているのではなく、密閉空間を覆う薄い膜のようなものを通して、出入りをくりかえしているのです。そして、その膜のある場所でスピリットの力が「現実」の世界に触れるとき、物質的な富や幸福の「増殖」がおこるわけです。

こういうことはすべて、いろいろなタイプの「境界」でおこります。完全にこちらの世界のものでもなく、かといって完全に向こうの世界に分離されてしまったのでもない「境界」を通して、スピリット的存在は出現と消失をくりかえしてきました。そのためにスピリットの祀られる場所も、自然とそういう「境界」地帯に集まっています。

すべての鍵を握るスピリット

私たちは『愛と経済のロゴス　カイエ・ソバージュIII』において、贈与の原初的な考え方を探っていくうちに、すでにこの「増殖」をもたらす霊力の問題にゆきあたったことがあります。旧石器時代の洞窟壁画に、このような思考の痕跡を見出すことができますし、西欧に資本主義の展開を可能にした原理が、キリスト教の神《ゴッド》をめぐる三位一体の思考のうちの、「聖霊」の働きによるものであることをも、すでにはっきりと見届けてあります。

この「聖霊」という存在が、キリスト教のシステムに組み込まれたスピリット族の一員であることは、言うまでもありません。神《ゴッド》の発生の問題は、このように経済の本質などとも深く結びあっているのですが、その秘密を解明するための鍵を握っているのも、どうやらスピリットたちらしいということが見えてくるのです。

さて、ここから私たちはどこに向かうべきでしょう。どの方面に向かって探求を進めていけば、神《ゴッド》の秘密を知るとも言われるスピリットの正体に、近づいていくことができるでしょう。外の自然の中

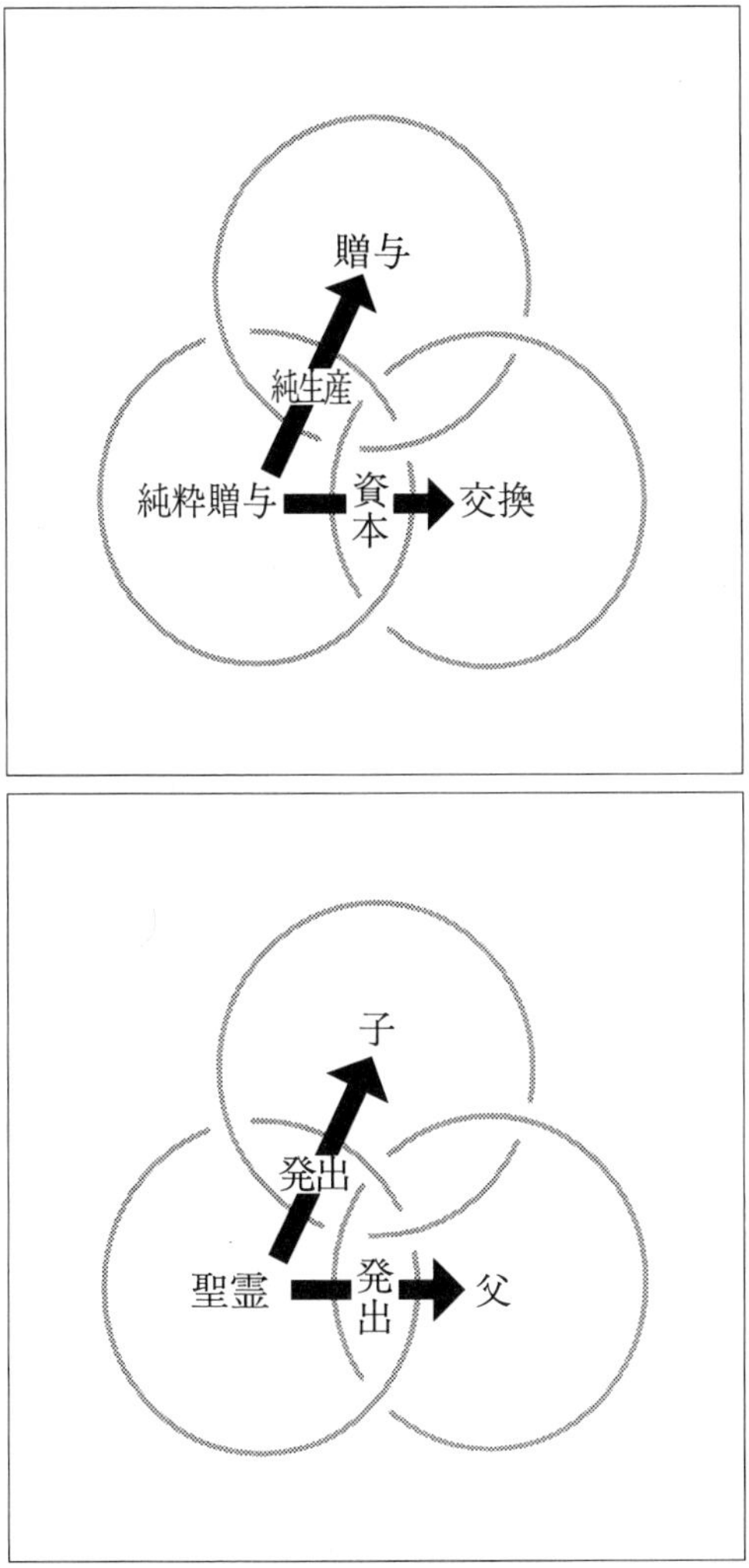

資本主義の三位一体構造はキリスト教によって準備された
(『愛と経済のロゴス　カイエ・ソバージュIII』より)

に、どのようにスピリットがあらわれてくるのかは、だいたいわかります。わからないのは、人間の内部の自然に、スピリットがどのようにして住みついているのかということ、その生態がまったく不明なのです。

人間の内部の自然、それは脳の中にあります。洞窟や岩陰や樹木や奥座敷に生息していたスピリットたちを、私たちは自分の脳の中の特殊な場所に、再発見するのです。それを理解するためには、みなさんは勇気あるダイバーにならなければなりません。心の底に向かって飛び込んでいくダイバーです。

第一章

脳の森の朝

熱帯の森林地帯へ

スピリットの絶好の住処《すみか》は、熱帯のジャングルです。そこにはまだ未発見の動植物が潜んでいると言われるぐらい、生物種の豊かな場所ですが、そこに住んでいる人間の精神も、それに負けないくらい多種多様のスピリットの生息地として知られてきました。ですから、スピリットなるものの本性をくわしく知るためには、まずこの地帯に探査のあたりをつけてみるというのは、賢いやり方だと思います。環太平洋圏の神話的思考を追ってきた私たちの目は、そこでどうしてもアマゾン河流域の森林地帯に注がれていきます。

ここには一万年以上も前から、人間が暮らしてきました。ベーリング海峡を渡って最初にアメリカ大陸に入った人々は、マンモスをはじめとする大型動物を追って、比較的に短期間のうちに南アメリカ大陸に入り込んでいったようです。そのルートはアンデス山脈の山麓地帯にたどり着いて、そこにしばらく滞在したあと、大きく三つの方向に分かれていったと推測されています。

一つのグループはこの大陸の最南端をめざして、最短距離を南下していきましたが、別のグループはオリノコ河の流域にそって北上を続けて太平洋にまで達し、もう一つのグループはアマゾン河流域の森林地帯の中に散開していきました。こうした渦巻き状に広がる複雑な移動ルートの中心として、アンデス山麓が推定されています。そこで、今日で言うところのコロンビアの奥地に広がるアマゾン源流地帯の森林地帯に住む人々こそ、南アメリカ大陸に入り込んだ最初のモンゴロイドたちの思考や生活の基本的な形態のいくばくかを保存しているのではないか、と考える人類学者がいても不思議はありません。

じっさいこのあたりの人々のものの考え方を観察してみますと、スピリットがとても大きな働きをしていたことが、よくわかります。彼らの「宗教」は、スピリットというものの実在感覚と、そのスピリットとつきあうための専門的技術をもったシャーマンの思考を中心にしてつくりあげられているように見えます。熱帯のジャングルは、まさにスピリットの王国と呼んでいいでしょう。

スピリットの王国

そこに住む人々は、キリスト教が侵入してくる以前は、さまざまな形をしたスピリットのなまなましい実在を感じながら生活していました。その様子をそのあたりに住むトゥカノ・インディアンの実例を通して、見ていきましょう。これについては、コロンビアの優れた人類学者ライヘル・ドルマトフの研究を、大いに利用させてもらうことにします（R・ドルマトフ『デサナ』寺田和夫・友枝啓泰訳、岩波書店、一九七三年、『シャーマンとジャガー』テンプル大学出版局、一九七五年など）。

トゥカノ族はスピリット的な存在を表現するのに、「マフサ mahse」ということばを使うことが多いようです。たとえば、太陽が人間の生活にもたらす恩恵を、地上において体現しているスピリット

はじめての人間はスピリットとして地上に出現した。バラサナ・インディアンの線画
(G.Reichel-Dolmatoff, *The Shaman and Jaguar*, Temple University Press)

は「エムコーリ・マフサ」と呼ばれます。このスピリットは急流の水底や、船着き場になっている大きな淵の底に住んでいると言われます。淀みなく流れる水流の中に、トゥカノ族は「善なるもの」のあらわれを感じ取っているので、このスピリットと目に見えないへその緒のような紐帯でつながっていることができれば、祭りの場では人々がなごやかに楽しみ、争いごとを治めるのも難しくはない、と考えています。

村の近くの急流には、別のスピリットも住んでいます。「ディロア・マフサ」は人間の肉体が健やかでいられるような「善なる力」を、注いでくれると信じられています。このスピリットを通じて太陽の力強さと結ばれていることによって、人は強い肉体と心をもつことができるのです。

「夜の化身」とも呼ばれる「ニャミーリ・マフサ」は、邪悪な妖怪の姿をして、人を怖がらせることもあるスピリットです。彼らは生きていたときに道徳の掟《おきて》を守らず、そのために死んでから「動物の主《ぬし》」の支配する山に入らなければならなかった、先祖の霊だと言われています。森の中をさまよいながら、奇妙な物音を立てたり、石や木の枝を投げつけたりしてきます。邪悪な意図をもった人たちは、このスピリットを使って敵に禍《わざわい》を送ることもできます。

山には「動物の主＝ヴァイ・マフサ」が住んでいます。このスピリットは日本の東北地方の座敷童子とよく似て、小さい子供のような姿をしていると考えられています。全身を赤く塗っていて、近づくとその全身から発する強烈な植物樹液の匂いで、それとわかります。トゥカノ族は狩猟をおこないますので、彼らの生活にとってもっとも重要なスピリットこそ、彼らなのです。人間が動物を捕る許可を与えてくれるのが、このスピリットですので、狩猟技術の主でもあるわけです。

「ヴァイ・マフサ」は森林の中の洞窟や岩の割れ目を住処としています。そこは「山の家」と呼ばれて、鹿やバクや野豚や齧歯《げっし》類など無数の動物たちが、人間と同じような大きな社会をつくって住んでいる、と考えられています。そこは動物のユートピアのような場所で、鹿によって管理された森の中のきれいな明るい空き地で、山の住民である動物種の原型たちが、祭りや踊りを楽しんでいるのだそうです。

動物の主である「ヴァイ・マフサ」とシャーマンとの間に交渉（人間の魂との交換で、獲物の数が決まります）が成立すると、獲物になることがきまった動物は揺り起こされて、森へと出かけていくのです。こういう動物霊の住む村は川の中にもあって、「川の家」と呼ばれていますが、こうした「山の家」や「川の家」は、動物を懐胎する巨大な子宮だと考えられていますから、インディアン哲学における「増殖の原理」は、まさに森林の奥深くに潜むこの浄《きよ》らかな場所を中心に展開されるのだと考えてよいでしょう。

ほかにもたくさんのスピリットがいます。森の中はスピリットだらけだと言ってもいいでしょう。善い霊もあれば邪悪な霊もあり、人間に親しみをもっているものもそうでないものもありますが、総じてスピリットたちはきわめてデリケートで危険な存在で、普通の人がその領域に触れようとするのは、とても危ないことだと考えています。とくに「動物の主」に接近するのは、危険視されています。それができるのは、スピリットの領域の博物学に深い知識をもち、その世界に入り込んでいくための特別な技術をマスターしたシャーマンだけです。シャーマンは「ヴィホ・マフサ」というスピリットの助けを借りることによって、この危険な領域に踏み込んでいける存在なのです。

コンタクト技術としての幻覚

「ヴィホ・マフサ」は、人に幻覚を引き起こす植物全体に関係したスピリットのことを、さして言うことばです。アマゾン河の流域の人々は、とてつもなく豊富な植物の世界に取り囲まれて何千年も暮らしてきたわけですから、植物から採れる薬や毒などについて、驚嘆すべき知識をもっていました。ここのジャングルには、人に幻覚を見させる効果をもつ幻覚性植物が何種類も見出されます。そのために、これらの植物を利用して幻覚状態を体験し、その体験を神話的思考によって解釈しながら、独

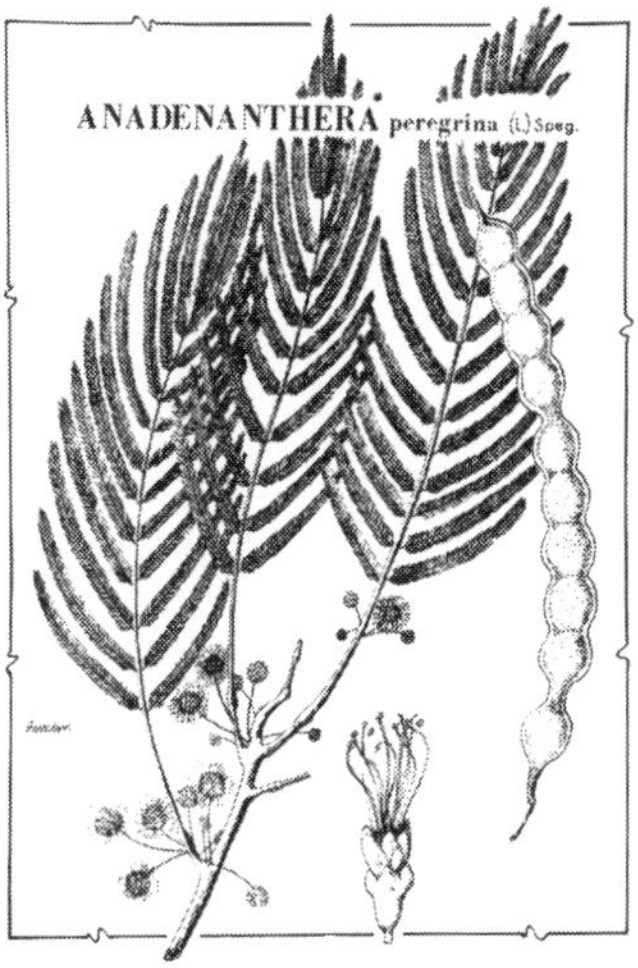

トゥカノ族たちが愛用する植物２種（上）とその房を持つシャーマン（下）
（Ibid.）

特の世界観を構成する宗教的思考が発達してきました。私たちは神話的思考と宗教的思考との間に、重要な違いを設定しようとしてきましたが（『人類最古の哲学　カイエ・ソバージュⅠ』）、そのような問題設定のはらんでいる意味が、ここでは一層鮮明に浮かび上がってくるでしょう。

「パイェ」と呼ばれるシャーマンが、こうした植物がもたらす幻覚をまちがいなく取り扱うことのできる専門家として、みんなから認められています。彼らは Anadenanthera *peregrina* という長い鞘《さや》状の実をつける植物と、Banisteriopsis *Caapi* という蔓《つる》植物を利用して、幻覚作用をもつ物質を抽出しています。前者は細かいパウダー状に砕いてから、特別な吸引器を使って、鼻から吸って体内に吸収します。後者の蔓植物を利用するためには、時間をかけて煮出す作業が必要になります。濃縮した樹液ジュースを飲むことによって、幻覚作用を発生させるのです。こういう植物のことは「ヤヘ yaje」と呼ばれています。

そうした知識のすべてを、シャーマンが管理しています。シャーマンはこうした植物の作用を利用して、しょっちゅうスピリットの世界とのコンタクトを図ろうとしています。狩猟のシーズンがやってきて、「動物の主」のもとに獲物の数を交渉にいくときも、シャーマンはまず鼻からペレグリナのパウダーを吸って、トランス状態に入ってから任務に入っていきますが、そのとき、植物に住みついている「ヴィホ・マフサ」というスピリットの助力を得ることがないと、いくらシャーマンでもスピリットの世界への危険な旅をおこなうことは難しいと考えられています。

しかし、ときどきはシャーマンだけではなく、もっと多くの人々にも開かれた「ヤヘ集会」が催されることがあります。このときには、シャーマンの監督のもとに調合された蔓植物の樹液ジュースをみんなで飲んで、共通の幻覚体験をもつという興味深いセッションがおこなわれるのです。このとき人々は「銀河へ出かける」体験をします。宇宙の力と生殖力の源泉である「銀河」に向かって、みんなで共同飛行をおこなおうと言うのですね。お酒ではなかなかそういう共同体験は難しいですから、このアマゾンの人々のおこなっていることは、お祭りというものの核心部に触れていると言えるでしょう。

ヤヘ集会への誘い

ではこうした植物を体内に服用したとき、人はいったいどんな世界を体験することになるのでしょうか。一九七〇年代の人類学者たちはすすんで、幻覚性物質のもたらす効果を自ら体験してみようと試みてきましたから、それについての報告はそうとうな数にのぼっています。その中でも、R・ドルマトフがトゥカノ族の間でおこなった体験の記録は、内面観察の鮮明さにおいて、いまでも輝きを失っていません。

「ヤヘを飲む集まりに出てみないか」という何気ない誘いのことばを、ある日人類学者はトゥカノ族の友人から受けます。それがどういう意味の誘いであるかをよく知っていた人類学者は、内心の昂奮

タトゥヨ（Tatuyo）族のヤヘ集会のようす（*Ibid.*）

を抑えて、その日を待つのでした。

とりたての「カーピ」でないと効き目がよくないというので、森の中にこの植物の採取にでかけ、村に持ち帰った植物を時間をかけて煮出しているうちに、男たちが集まってきます。彼らはみなどこか沈んだ様子をしていますが、これから自分たちの前に開かれてくる特別に神聖な空間に対する厳粛な気持ちの表現なのだということは、あたりにも伝わってきます。

みんなで車座になって、煮出した樹液の回し飲みがはじまります。何回も時間をかけて、少量ずつ服用していきます。途中で吐き気を催したり、気分がすぐれなくなってきますが、それを我慢して数時間ののち、人類学者の「眼の中に」いきなり鮮やかな光が出現してきたのです。

銀河への飛行

その体験の内容は、リアルタイムでテープレコーダーにつぎのように吹き込まれていました。

何かが見えるぞ……うーん……なんていうか……暗い中に孔雀の羽根のようなものが見える……というか……あらゆるものが動いている……花火みたいだ……いやいや、もっと似てるものがある……そう、ペルシャのミニアチュアの背景にある模様みたいな、とにかく東洋的ななにか。これはまさしく絨毯《じゅうたん》、チベット絨毯だ……コーランに描かれてるみたいなアラビアの装飾文字にも似ている……暗い色調の中に、ときどき白い光があらわれる、でもたいていは暗い赤の色だ……それがあらわれては……去って行き……視覚の中を斜めに横切っていく。左上からあらわれて右下に流れては去っていく……柔らかい流れだ……おっ変わりはじめたぞ……プリズムの分光色が全部あらわれた……それが波打っている……それぞれの波の頂点は、新しいモチーフを描いていく。いちばん下のところは黄色だ、そこはしょっちゅう変化していて、プリズム色のすべてにつぎつぎに変わっていく。そのモチーフは……すべてが曲線を描いている、半円形のモチーフ、ハート型、おや今度は花に変わった、いや突然メデューサの顔になった。ときどき……うーん……ふたたび花火だ……でも三次元じゃない……平面的で恐ろしく暗いんだ。あっ、消えた。右手の、上のほうから何かがあらわれた……泉から水がわいてくるみたいだ……でも光は水の噴出をくぐり抜けて、虹のように輝いている……光の線が交叉していく、いや線じゃない、点線状にいっぱい途切れているんだ。スポットがあらわれた、外側が黄色で、真ん中が暗いスポットだ……それからまた花、ダチョウの羽のように巻いている。孔雀の羽根がまたあらわれた。ときどき苔のように見える、今度は茸のようなものがあらわれた、カメラのレンズの中の茸みたいな。花だ、花びらの三枚ある花が見える［ここで二分間、ヴィジョンが消える。周囲で踊りが再開］。意識はすごくはっきりしている。眼をいっぱいに開くと、目の前には小屋があり、闇があって、人がいる。でも、半眼に閉じるとまたモチーフが見えてくる。マイクロフィルムで撮った蝶の羽根や珊瑚《さんご》のようでもある。ときどき色彩は不快な色になる。今度はもっとモチーフがはっきりしてきたぞ。水平の帯をなしたアラビア文様だ。全部が平行な帯のようになってあらわれ、それぞれの帯は違う色をしている。まだ動いている。これらの帯の中に格子状のものがあらわれる、網といってもいい。それぞれの格子の真ん中には光のスポットがある。［音楽激しくなる］格子状の模様はあんまり動かない、真ん中の光点だけが動いている、回転しながら、色を変化させている。また……すべての構図が動いて傾きだした、四五度傾いて……いまや垂直だ［はげしいガラガラ楽器の音］今度は水平になっていく。ときどき中心部へ向かっていく動きが発生している、暗い水面に石を放り込んだときにできる模様の動きに似ている。そう、そう、でもすべては対称性を保ったままだ。非対称なパターンはめったにあらわれない。古代の錠前にも似ている。すべてが恐ろしくバロックだ［激しい打楽器音とともに踊り］。半円形のものは、何かの木のようにも見える、青い背景で輝いているものの中に見える黒いもののようだ。ああ、また何もかもが変化したぞ、まるで、まるで、病理学の教科書に出てくるみたいな模様だ［何人かが吐いている。みんながこう言っている。「ここにいるみんなが幻覚を見ているんだ。家の内壁に描いてあるのと同じ模様を見ているんだ」。こう言いながら踊り続けている］。眼の右端に変化があらわれた……今度は……チベット風だ、青いブッダとそのまわりを取り囲んでいる黄色と赤と青の光彩というか炎が見える、その炎の先っぽは小さな光の点になっている［踊りはお休みらしい。話し声が聞こえる］。ときどきそういうのが見える。けっして気持ちいいわけじゃない。色彩のスペクタクルといっていい。形と光は増えたり、減ったりしている。重なることもある……円があらわれ、二重になり、三重になり、どんどん数が増えていく。おお、回転がはじまった……すべてが急速に回転をはじめた。まるで、まるで、泡のような。透明な泡、石けんの泡。今度は……まっ暗だ。何も見えない。気分はすごくいい。午前一時か。ぼくはヤヘを六杯も飲んだことになる。脈拍八四、ちょっと頭痛がする。

（中略）

ぼくはノートを開いて、いま見てきたイメージを忘れないうちに記録しておこうとした。ぼくが点と線で、少し波打っている垂直の帯を描いていると、肩越しにぼくの作業を見守っていた一人の男が「そりゃなんじゃ」と質問してきた。ぼくは夜見た図形を描いているのさと答えた。男はまわりの連中に、「見ろよ」と呼びかけた。すると数人のものが集まってきてぼくのノートをのぞきこんだ。

「このイメージはどんな意味をもっているのですか」とぼくはたずねた。男たちは笑った。「それは銀河さ」彼らは言った。「お前は銀河を見たのさ。俺たちといっしょに銀河まで飛んでいったのさ」（R・ドルマトフ『シャーマンとジャガー』）。

奇妙な図形

どうです。たっぷり幻覚体験を味わうことができましたか。とても臨場感のある報告でしたので、読んでいるだけで私たちまで「銀河」に連れて行かれたような気持ちになりました。

この報告からもわかるように、ジャングルの植物相の中から厳選された特別な幻覚性植物を用いて得られる体験は、なかなか強力でかつ安定しているのが特徴です。体験中に出現してくる光のイメージやその動き方などには、ある種の普遍性があるようで、個人差はあまり現れてこないようです。

その証拠には、この「ヤヘ・セッション」の最中、眼前にガンガンと光のイメージが飛び交う最中に人類学者が小耳にはさんだことば、「ここにいるみんなが幻覚を見ているんだ。家の内壁に描いてあるのと同じ模様を見ているんだ」に示されているように、幻覚の最中に体験するイメージは、個人差を越えた共通性を示すのです。

じっさい、自分が見たイメージを描いてくれと頼まれると、彼らは地面に独特の模様を描いてみせますが、それらは全部人類学者自身が「見た」ものと同一でしたし、室内を見回してみると、あの夜のセッションで自分の見たのとそっくりな模様が、美しい彩色（その色彩もじっさいに体験したものと

ヤヘが見せてくれたイメージを地面に描く男（上）と家の内壁に描かれた「内部視覚イメージ」（下）（*Ibid.*）

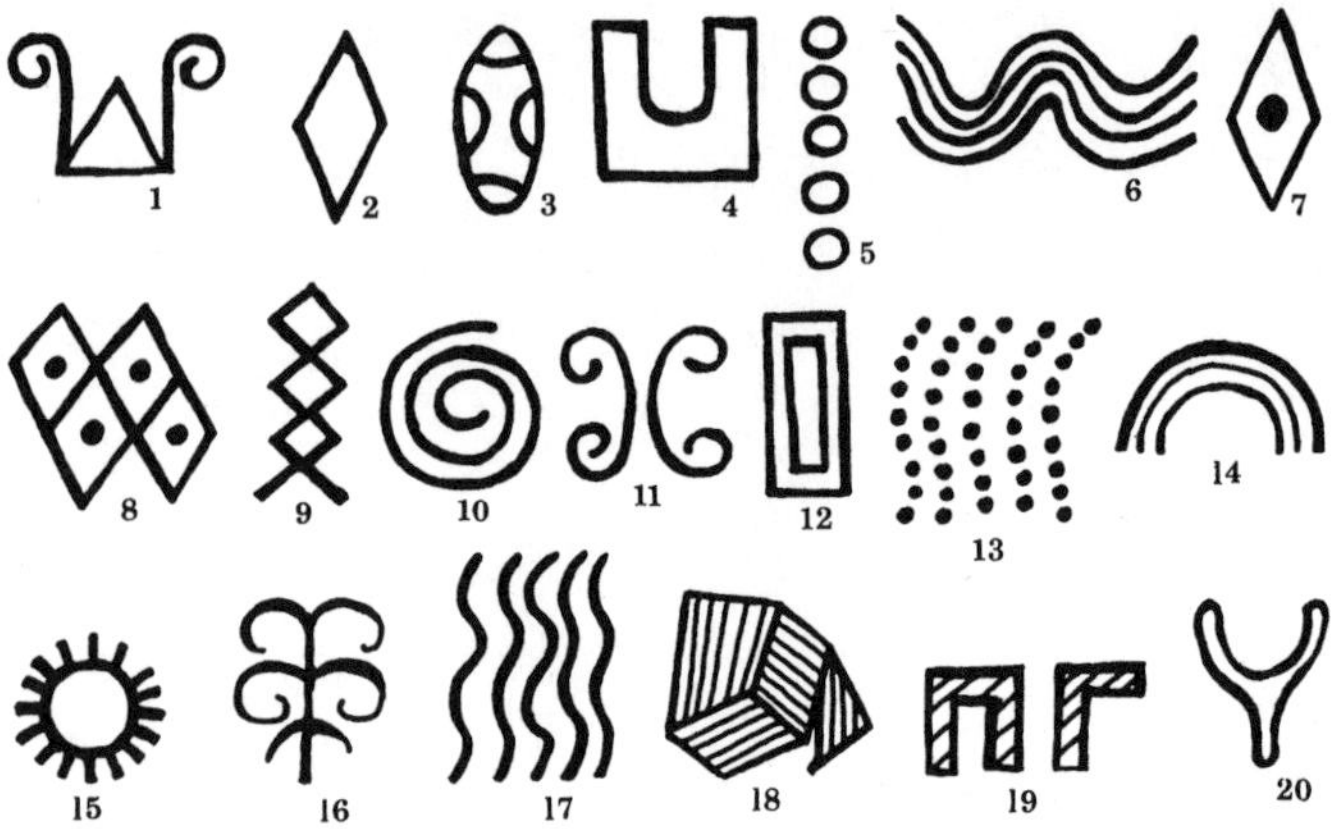

トゥカノ族の描く「内部視覚」の基本パターン
(*Ibid.*)

同じなのです)で、壁面という壁面が装飾されているのに気づいて、びっくりさせられることになります。

光のイメージには、どうやらきまったレパートリーがあるらしいのです。人類学者自身の体験したもの、インディアンが地面やノートに描いてくれたもの、家の壁に描かれている装飾模様などを比較検討してみると、そこから二〇個ほどの基本形態のリストを抽出することができます。

猛烈な勢いで動いていく光の中から、このような図形がつぎからつぎへとあらわれてくるのです。光の粒がまるで水中からわきあがってくる泡のように浮上してきたり、何かの形態が出現しては消えていったり、斜めの方向に流れていったり、かと思うとゆっくりと静止したままで星のようにチラチラと瞬《またた》いたり、比較的安定した格子状の模様を長い時間（おそらく十数分間）持続したり、視覚いっぱいをまばゆい光で覆ったり、突然暗転したりしながら、驚くべき光の饗宴を眼前の空間に映し出してみせます。

この光はあきらかに脳の中で発光しています。そのことは、まわりを見渡せば、家や人や犬の姿はそのまま見えるのに、眼と視覚の対象との中間に開かれた不思議な空間では、あいかわらず光のイメージが飛び交っていることからも理解できます。このとき、人々はスピリットの住む空間と現実の世界とを、同時に見ることができているとも言えますが、じっさいその場に居合わせたみんなは、そう考えている様子なのです。いったいここでは何がおこっているのでしょうか。

いたるところから発見される神聖図形

古代人は脳の内部から発光するこの光のイメージのことを、よく知っていたようです。トゥカノ族をはじめとするアマゾン河流域のインディアンたちが、幻覚性植物を服用することで体験し、家の壁やさまざまな装飾品の上に描いたのとまったく同じ図形を、考古学者たちは早くも旧石器時代の遺跡から発見してきました。そればかりではありません。このパターンは世界中に見出すことができるのです。

次ページの図をご覧下さい。ここにはいまは絶滅してしまったタスマニア原住民が、岩に彫り残した「神聖図形」から、旧石器時代の洞窟壁画に描かれたパターン、ヨーロッパ各地のケルト遺跡から

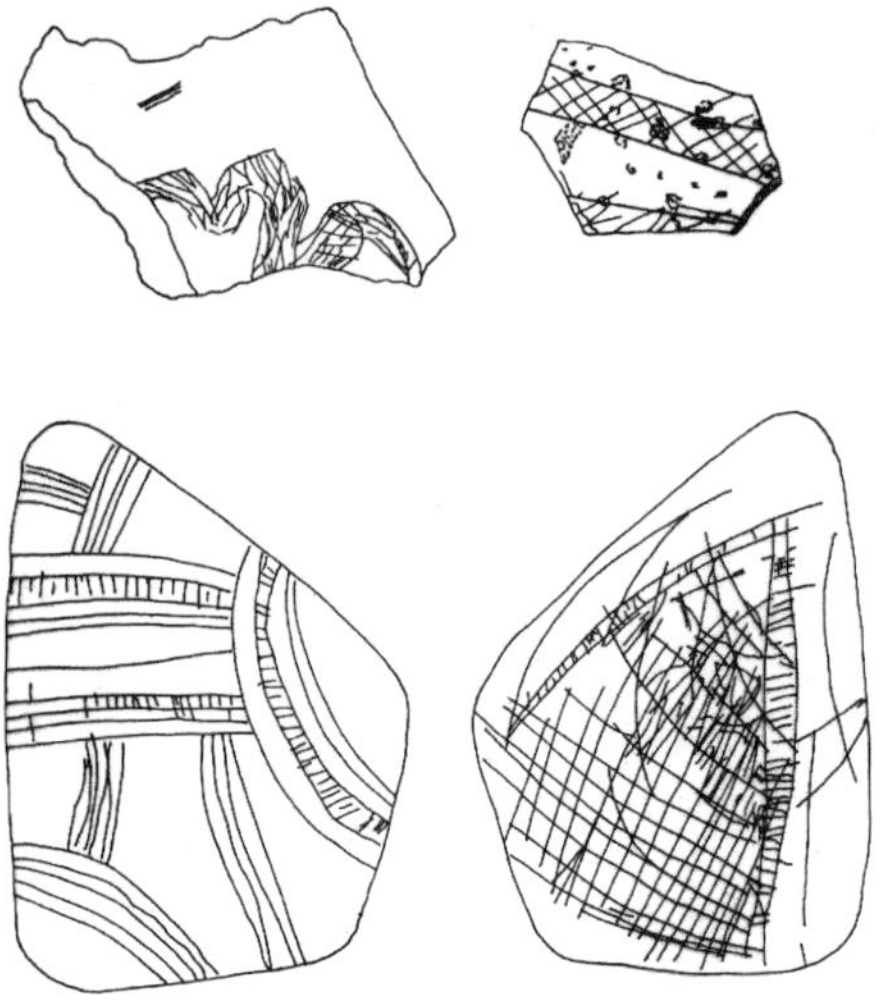

②

③

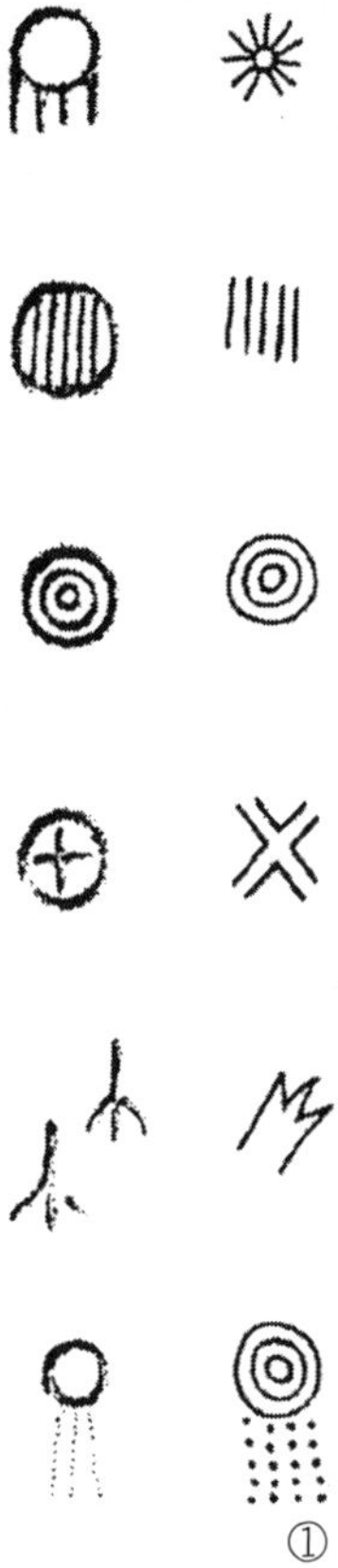

①

①タスマニア原住民が描いた図形（ロバート・ローラー『アボリジニの世界』長尾力訳、青土社）
②旧石器時代の洞窟壁画の内部視覚的イメージ
③ケルト遺跡の模様（ベルンハルト・マイヤー『ケルト事典』鶴岡真弓監修、創元社）

発見されるさまざまなタイプの模様までを、お目にかけています。ここにさらに北方民族の衣装や、籠の編み目模様や絨毯《じゅうたん》の模様（R・ドルマトフは何度も「このイメージは東洋風の絨毯にそっくりだ」と語っていましたね）など、関連があると思われるものを加えていけば、このリストはきっととても大きなものになっていくことでしょう。

世界中から発見されるこうした不思議な模様がいったい何なのか、私たちには長い間謎でした。それがようやくわかってきたのです。これは人間が自分の脳の内部から出現してくる光のイメージを、幾何学的なパターンとして表現したものなのです。自分の内部からわきあがってくるこのようなパターンについて、人類はずいぶん古い頃から豊かな体験と知識をもっていたようです。その知識が今日ではもはやアマゾン河の奥地に住む人々の間にしか、完全な形では残らなくなってしまったわけです。

エントプティック（Entoptic）——内部からの眼

西欧の生理学者たちは、ようやく十九世紀になって、自分の体内にこの不思議な図形を再発見することになります。十九世紀には芸術家も文学者も学者でさえも、しばしば「ハッシシ」というエジプト渡りの幻覚性植物を吸飲していました。詩人のボードレールの作品などを読んでも、宗教がその能力を失ってしまった近代では、純粋な形で「神聖なもの」に接触するための手段として、この植物の

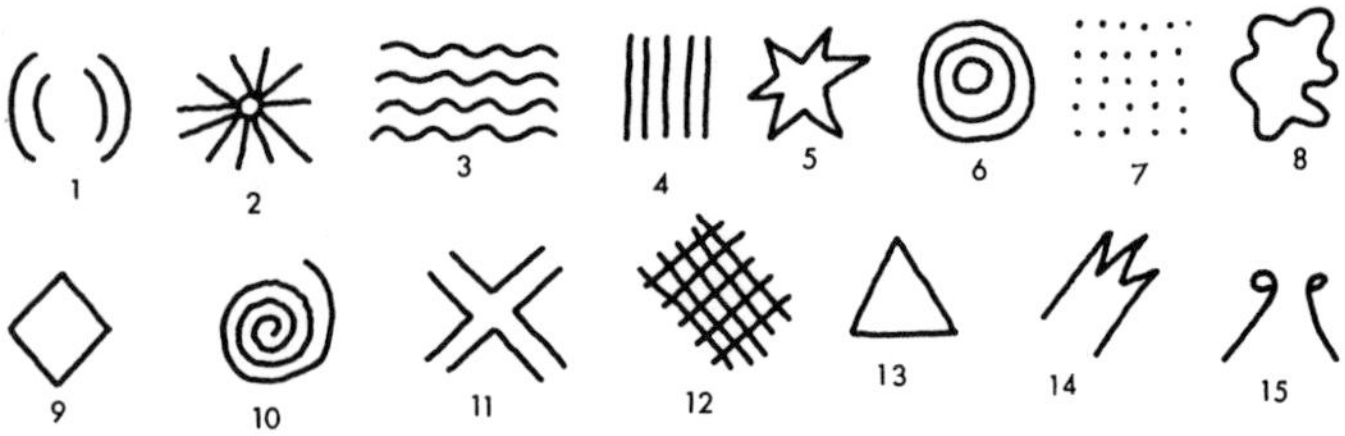

Lewis-Williams J.D. and Dowson T.A. The Signs of All Times. *Current Anthropology* 29(2), 1988.

力を利用していたことがわかります。

そういう風潮の中、一八一九年に風変わりな生理学者ヤン・プルキニエによって、ハッシシ吸飲中に眼前に出現する光のパターンが観察されました。この現象は「内部閃光 phosphene」と呼ばれ、以来興味をもっていろいろな人によって研究されるようになりました。そして、眼球の中に出現する同じような光のパターン発生の現象は、ハッシシやメスカリンなどを吸飲した時ばかりではなく、高熱を出した時にも、白昼夢を見ている最中にも、あらわれることがわかってきました。

二十世紀になると、同じ現象を電気的な刺激によってつくりだそうとする研究が、盛んにおこなわれるようになりましたが、その中でも有名なのは、ドイツの生理学者マックス・クノルと彼の同僚たちのおこなった精密な実験で、一五個ほどの基本パターンを取り出して見せました（上図参照）。興味深いことに、電気的な刺激によって出現する「内部閃光」のパターンは、トゥカノ族の描いた「銀河」への飛行中に見えてくる光の基本パターンと、驚くほどよく似ています。

今日ではこうしたパターンは、完全な暗室に入ることによっても出現してくることがわかっています。完全な暗室に入り、外からの光の入力がなくなったあと、気持ちをゆったりさせたましばらくすると、急に視覚野が発光しだすのです。ぼぉっとした雲のようなものがあらわれ、小さな星のようなものが明滅し、ついで青や緑や黄色などの淡い色彩が流れていきます。R・ドルマトフが見ていた「格子状」の網なども、はっきりと見えてきます。

児童心理学にも同じ研究が適用されて、二歳から四歳くらいの子供の描く「抽象的」な絵に、早くも「内部閃光」で見られるのと同じパターンが描かれるのが観察されました。子供はいつそんな体験をしているのでしょう。眼球を強く押すと、似たようなパターンが発生することから見ても、子供はごく自然な形で自分の内側から発生してくる「抽象的」な図形を体験していて、まわりの世界の犬やお母さんの姿を描く前から、立派な「抽象画家」の能力を示すのではないかと、見られています。

こうした現象は、すべて「内部視覚 Entoptic」と呼ばれて、広く研究されてきました。さきほどもお話ししましたように、学問の世界までヒッピー化した一九七〇年代には、多くの人類学者が中米や南アメリカでさまざまな幻覚性植物の効能を、自ら体験観察するようになりましたから、生理学者たちが「内部閃光」の問題として研究してきたものと自分たちの体験しているものが、まったく同じ現象であることが気づかれるようになったのです。

人類学者や考古学者たちは、こう考えました。幼い子供が立派な「抽象画家」である理由が、誰に教えられることもなく子供たちが見ている「内部閃光」にもとづいているのだとしたら、旧石器時代の洞窟や新石器時代の壷などに描かれている特有な文様も、「内部視覚」の見ている光のパターンにもとづいているのではないか。そうだとしたら、芸術の発生をこの「内部視覚」の表現から考えることはできないだろうか。外の世界を見て、絵を描きはじめたのではなく、人類はまず自分の内側に発生する光のパターンを「見て」絵を描き出したのだ、とこう考えるわけです。

シャーマンの「科学」

南アメリカの先住民や、そしておそらくは旧石器時代にこの模様を壁画に描いた人々や、新石器時代になってからもそれを一種の神聖図形として家の装飾などに描いてきた人々は、幻覚性の植物をはじめとするさまざまな方法で、自分の心の内部に開かれた眼によって見た流動する光のパターンを、スピリットとのコンタクト実現の徴《しるし》として、解釈しようとしています。これに対して、西欧の生理学者たちは、内部にあらわれる光のパターンを、ニューロンの発火現象や視神経の昂奮に還元して理解しようとしてきたわけです。

一見すると、二つの理解法の間には、なんの共通性も見つけられないようにも見えますが、深層ではつながっているところがあります。どちらの見方も、「内部視覚」の現象は意識と物質の境界面上でおきていると考えますが、この点ではまったく同じ主張をしているからです。

古代人や先住民たちは、幻覚性植物などが誘引する「内部視覚」を、スピリットという存在に結びつけています。このスピリットは人間の思考や意志の外で活躍する、コントロールのきかない存在です。ところで西欧の科学は内部視覚の問題を、精神活動の「素過程」に還元しようとしていますが、ここでも同じように、「内部視覚」をニューロンの発火という、心の働きのうちでもっとも物質的なものに近い「素過程」に結びつけて、理解しようとします。

つまり、どちらの物の見方でも、「内部視覚」は心の活動の「底」に触れているという点では、一致しているのです。この「底」の部分で、心は物質的な過程に触れています。そういう場所がスピリットとの接触場所であり、スピリットの力の源泉である「銀河」の空間だと古くから考えられていた、このことが重要です。つまり人間の意識を超えている（超越している）スピリットは、同時に物質としての本質をもつことになります。

心の素過程とスピリット

私たちは、どうやらスピリットの素姓について、ある重大な情報を手に入れることができたようです。

現代の科学者たちは、さきほども言いましたように、「内部視覚」というものを、視神経の通路でおこるニューロンの発火と結びつけて理解しようとしています。もちろんそう理解したからと言って、そのときに体験する多様きわまりない光のパターンがどうして発生してくるのかなどということを、少しも説明することはできませんが、重要なのは、「内部視覚」が心的現象の物質的な素過程におこっていることの直接的な反映であるということです。

コンピュータの「物質的な素過程」と言えば、ソフト面では0と1という二つの数字がずらっと並んだ表のことであり、ハード面ではON／OFFという電圧変化の連続にほかなりません。それとまったく同じで、心的過程の「物質的な素過程」でも、流動的な心的エネルギーの深部から、多様きわまりない光の形態がつぎつぎと出現している過程が、たえまなくくりかえされているだけです。この「物質的な素過程」から意味をもった世界が構成されてきます。

その意味では、「内部視覚」は心の内部であると同時に、心の外部でもある、ということになるでしょう。そこでおこっている物質的な過程を土台にして、のちの心の活動すべてが構成されてくるのですから、「内部視覚」はたしかに心の内部でおこっている現象だと言えます。しかし、それは意味が発生する以前の空間でそれはおこっているとも言えるので、「内部視覚」を通じて人は心の外部にも触れている、と言うことができます。

科学者はそれを外から客観的に解釈するのですが、古代人や先住民は、いろいろな手段を用いて、そういう心の素過程に潜り込んでしまおうとしたわけです。そしてあとから自分の体験をふりかえってみて、そこに「哲学」の思考を加えようとします。もちろんこの「哲学」は私たちの言う「人類最古の哲学」としての神話的思考のことですが、この思考をとおして彼らは科学がやらないこと、つまり自分のした超越的体験に哲学的な意味をあたえようとします。

そのとき「スピリット」が、超越的体験を説明する原理として登場するのです。その点でこのスピリットという概念は、微積分に登場する「無限小」や「無限大」の概念と同じような働きをします。「無限小」にしても「無限大」にしても、そういうものを実在のものとして取り出すことはできません。しかしそういうものを理想的《イデアル》な概念として現実に利用すると、簡単にちゃんと正確な計算ができるのです。

それと同じで、幻覚性植物などを用いて拡大した世界を、くまなく理解するためには、スピリットという概念がなくては不可能です。スピリットがいなければ、そこで拡大された部分はただの不合理として扱われるか、意味のある世界には関わりのないただの物質過程として扱われるかの、どっちかでしかありません。それでは生命体がとらえる世界というものの本質を、理解することができないでしょう。それほどこの世界は謎にみちているのですからね。

モノ——心？　物質？

スピリットは私たちの心の、いちばん深い場所に住んでいて、そこでは心の働きと物質の過程とが渾然一体となっています。「内部視覚」の問題は、このことを大きくクローズアップして見せてくれます。のちほどもっと詳しく見ていくように、スピリットとともに人類ははじめて「超越」というものに触れることになったのですが、それは一神教的な理解からするとまことに奇妙な「超越」だったと言えます。なぜならスピリットは人間の通常の能力を大きく超えていく領域からやってくるだけではなく、そこはまた物質の根元があらわれる場所でもあるからです。

その意味で、日本語の「モノ」ほど深い内容をもっていることばも少ないと言えましょう。「モノ」は古い日本語では、「タマ」や「カミ」と一緒になって、スピリット族を表すことばです。ここから「モノノケ」なんかが発生してくるわけですから、超感覚的な存在を示しているのは当然なのですが、同じことばから物質をあらわす「モノ」という表現も生まれてくるのです。

このことは国語学によっても十分に解明されていない現象です。しかし私たちには、「モノノケ」の「モノ」が物質の「モノ」でもある理由が、はっきりと理解できます。スピリットをつうじて人間は思考や感覚でできた心の世界を、いわば「上に向かって」超越していくだけでなく、「下に向かって」の超越も実現してみせるのです。スピリットは観念論と唯物論を統一する、というとちょっと大げさかもしれませんが、現代人の思考がまだ実現できていないことを、彼らの流儀ですでに実現しているのかもしれません。私たちはいよいよ問題の核心部に近づいてきました。

第二章
はじめての「超越」

人類最古の「超越」

私たちが前にしているのは、人類が体験した「超越」の、おそらくはもっとも古い形態の一つであろうと思われます。そのように推測できる理由が、二つほどあります。

スピリットとコンタクトをしたり、彼らが住んでいるとされる空間に入り込んでいくために、特殊な植物のもたらす幻覚作用を利用している南アメリカの先住民の例から、私は話をはじめました。その体験の中で人々は、まばゆい光や虹のような光がうねりながら流れていく光景やたくさんの光点が飛び交う様子などを、なまなましく見届けています。光でできたエネルギー体が、自分の脳の中でまばゆい発光をおこない、ダイナミックな運動をしているのを、じっさいに体験しているのです。

しかし、幻覚性植物の使用は、このような体験をもつのに、絶対に必要というわけではありません。むしろ、植物の働きなどを用いないで、同じような体験をもつことができるという事実は、多くの実例でたしかめることができます。たとえば、オーストラリア・アボリジニがきわめて古い時代に描いた岩絵には、幻覚性植物を使用するアマゾン河奥地に暮らす先住民が家の壁に描いている「内部視覚」の見たパターンとそっくりの模様が描かれていますが、アボリジニは植物の作用を用いることなく、同じパターンが自分たちの体内から外に放出されていくのを観察していました。

それが具体的にどんなやり方でおこなわれたかは、彼らの文化の秘儀中の秘儀に属することですから、はっきりしたことはわかっていません。しかし、二十世紀のはじめ頃に書かれた人類学者の記録などを読んでみますと、どうもそれは青空を見つめるというやり方で体験されたのではないか、と私などは推測するのです。そこには、砂漠に出かけて、青空を微動だにせずにじっと見つめている長老の姿などが描かれていますが、たぶんそのときに、アボリジニの高い知性をもった人たちは、「内部視覚」をとおして出現する、光のエネルギーの動いていく様子を観察していたのではないか、と私は思うのです。

どうしてそんな推測ができるのかと言うと、そのやり方がチベットではいまもおこなわれていて、じっさい伝えられている特別なやり方で青空を見つめ続けていると、深いブルーの中からつぎつぎと光点や蛇のように動く虹の帯や格子状に揺れる光などが出現してくることを、私自身の「内部視覚」として体験したことがあるからです(この問題は次の巻で、もういちど詳しくとりあげるつもりです)。アボリジニはそのとき「夢の時間 Dream time」と呼ばれる状態に入っていますが、そのときにこのような光のパターンが、じっさいに観察できたのだと思います。

古代技術としての瞑想

アボリジニのやっていることは、私たちがふつう「瞑想 Meditation」と呼んでいるものにほかなりません。彼らの文化は短く見積もっても三万年とも四万年とも言われる古さをもつものですから、瞑想というのはホモサピエンスの歴史とともにある、といっても大げさではありません。

じっさい今日「瞑想」と呼ばれているやり方をつうじても、同じ体験を得ることができます。日本の縄文後期にあたる時代の、インドのモヘンジョダロ遺跡から発見されたテラコッタには、今日のヨーガ行者とそっくりの格好をした僧侶かなにかの姿が描かれています。『リグ・ベーダ』という、彼らの宗教体験を記録したきわめて古い時代の書物には、そういう深い瞑想に入っていくと、「燃え上がるような火」や「まばゆい光」が出現してくる、と書かれています。ベニテングタケから抽出したジュースを飲んで、そういう体験が得られたとも考えられますが（『人類最古の哲学　カイエ・ソバージュI』）、幻覚性植物の助けを借りることなしに、呼吸を整えて交感神経をコントロールする瞑想のやり方だけでも、このような「火」や「光」は内部からあらわれてこれるのです。

インドのヨーガ行者さんたちは、両足を組んで、瞑想をします。しかし、中近東に伝わっているやり方ですと、ひざを抱え込んで、暗闇に長時間籠もることで、まったく同じ体験があらわれます。呼吸をコントロールして、この姿勢を長く続けていると、額のあたりの空間が突然「開かれて」、そこに「あまりのまぶしさに耐えられなくなるほどの」回転する光の渦があらわれてきます。この光の渦のことを、後世のユダヤ教では「メルカバの神殿」などと呼んでいますが、その本質は「内部視覚」にまちがいありません。

こういう例は、ほかにもたくさんあげていくことができます。ようするに、瞑想というのはとてつもなく古い頃からおこなわれている、「超越」に触れるための技術だったのです。それは呼吸を整えることからはじまって、植物の複雑な調合法の確立にいたるまで、きわめて広い範囲の知識を含んでいます。それがいつ頃からはじまった伝統だったのかはわかりませんが、ラスコー洞窟など旧石器時代人の使った洞窟内部でおこなわれた儀式のことを考えてみましても、現生人類の出現とほぼ同時に、その体験ははじまったのではないかなどと、想像をたくましくするのも楽しいでしょう。

なにしろ、洞窟の内部はまっ暗なんですよ。そこに長時間滞在するだけで、ナイーブな知覚をもった人々が、自然と「内部視覚」の体験を得るようになったとしても、少しも不思議ではありませんからね。私たちは前に（『熊から王へ　カイエ・ソバージュⅡ』）、旧石器時代のホモサピエンスが洞窟の中でおこなっていた儀式の痕跡から、熊のような動物に「超越的な神」を見出そうとする宗教的思考が芽生えていたのではないか、と考えてみたことがありますが、そういう思考は洞窟の暗さがもたらす「内部視覚」の体験と一体だったのではないでしょうか。

そうだとすると、ユーラシア大陸の文化で熊にあたる動物として、オーストラリア・アボリジニの「虹の蛇」のことを考えてみますと、熊や蛇（もちろん、「虹の蛇」は想像上の存在ですが）のような動物に「超越性」を見出す思考と、人間の身体の内部から発光してくる「内部視覚」がもたらす「超越体験」とは、どうも深いところでひとつに結びあっていたことが考えられます。このことは、少しあとで詳しく見ていくことにしましょう。いずれにしても、「内部視覚」の体験は、人類のもっとも古い「超越性」をめぐる思考と、深いつながりをもっています。

認知考古学を「超越性」のほうに拡大してみる

ここから、さらにもう一つの理由というのが、浮上してくることになります。幻覚性植物も瞑想も、人間の心には「底」のような部分があって、それを突破すると、その向こうには純粋なエネルギーが流動している、思考の及ばない（及ぶことのできない）領域が広がっていることを、人間に教えようとしています。その領域は「銀河」のように広大です。それに限界を与えることのできるような思考の枠は、ここにはまったく働いていません。純粋な形態パターンだけが、「底なしの底」から、つぎからつぎへと浮かび上がってくるのです。この心の底部から際限もなくあふれだしてくる流動体の本質は、いったい何なのでしょう。

ここで、私たちがこの一連の講義で一貫して採用している、認知考古学（Cognitive Archeology）の視点を、この問題に適用してみることにしましょう。現生人類《ホモサピエンス・サピエンス》の心の機構がどうしてつくられるようになったのか、という難問にたいして、認知考古学はつぎのような仮説を提出しています。

三万年から四万年ほど前、そこが地球上のどこであったかは不明ですが、私たちの直接の先祖である現生人類が出現しました。それ以前にたくさんいたネアンデルタール人と比べると、頭の大きさが少しだけ小さくなって、ちょっとだけスマートになった印象ですが、全体的にはあまり大きな変化は見られません。ところが外からは見えない革命的な変化が、その小さくなった脳の内部でおこっていました。

ニューロンの結合の仕方が格段に複雑になって、ネアンデルタール人の脳では見られなかったような「横断的」な結合組織が、現生人類の脳にはつくられるようになっていたのです。容量の大きなネアンデルタール人の脳では、技術的な知識、社会的知識、博物学的な知識などを扱う領域が、それぞれに分離されていて、いわば大部屋に図体の大きなコンピュータを並列に配置して、それぞれが得意領域を扱うコンピュータが独立に作業をおこなっているような状態でした。それが現生人類のもつ新しいタイプの脳では、違う領域の知識を横につないでいく新しい通路がつくられ、そこをそれまで見たこともなかった「流動的知性」が、高速度で流れ出したのです。

比喩の能力

この変化によって、私たちがいま獲得しているような知性の能力が可能になりました。流動的知性は、異なる領域をつなぎあわせたり、重ね合わせたりすることを可能にしました。こうして「比喩的」であることを本質とするような、現生人類に特有な知性が出てきたのです。「比喩的」な思考は、大きく「隠喩的」な思考と「換喩的」な思考という二つの軸でなりたっていますが、この二つの軸を結びあわせると、いまの人類のしゃべっているあらゆるタイプの言語の深層構造が生まれるのです。

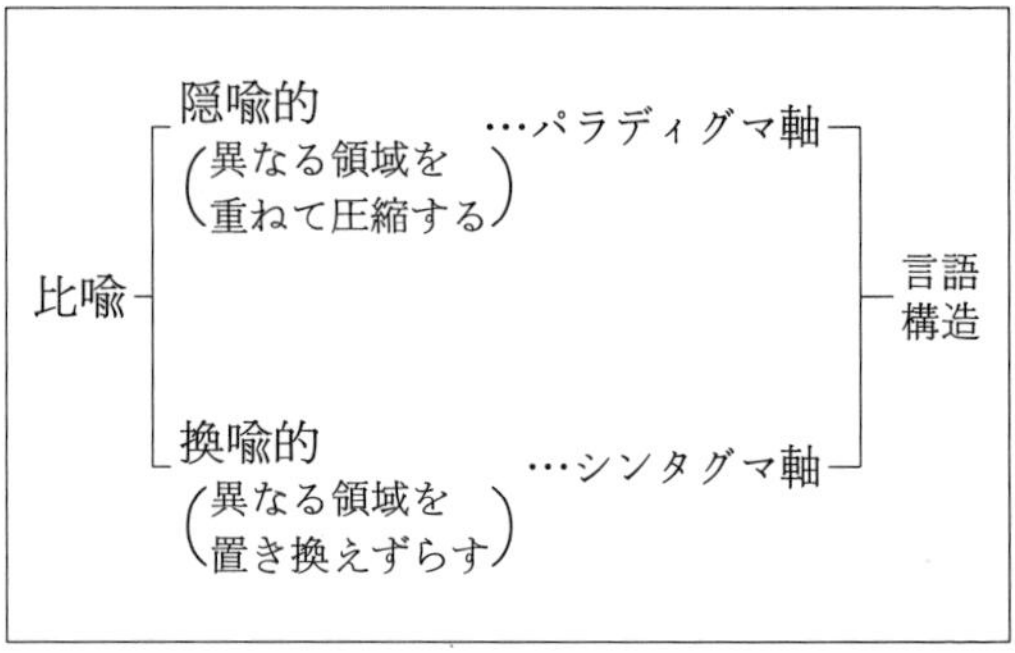

比喩の能力が言語構造を生む

「比喩的」な思考の能力が得られますと、言葉で表現している世界と現実とが、かならずしも一致しなくてもいいようになります。現実から自由な思考というものが、できるようになるわけですね。神話や音楽も、同じ構造を利用しています。ようするに、現生人類の脳におこった革命的変化によって、言葉をしゃべり、歌を歌い、楽器を演奏し、神話によって最初の哲学を開始し、複雑な社会組織をつくりだすことが、いちどきに可能になっていったわけです。

それに精神分析学の研究によれば、人類に特有な「無意識」というものが、このときからかたちづくられてくるようになります。夢は無意識の語ることばとも考えることができますが、この夢の「語り」はイメージを圧縮する「隠喩的」な働きと、イメージをずらしていく「換喩的」な働きの二つによってできあがっています。夢を無意識が直接的に自分を表現している心の作用と考えますと、無意識そのものが言語と同じ「隠喩」軸と「換喩」軸によって動いているのではないか、と思えてきますが、ここからラカンの有名な「無意識は言語のように構造化されている」という命題も出てきます。

無意識は私たちの感情生活に、大きな影響を与えています。そうしてみますと、人類に特有な感情生活なども、「比喩」による思考の発生が可能にしたものの一つ、と言えるかもしれません。ことばの形成によって、わたしたちの心もつくられたということですね。

流動的知性から「超越」が目覚める

ところがそのとき、もうひとつ重要な思考の形態が生まれたと考えることができます。「超越性」をめぐる宗教的思考が発生できる条件が、脳の中で整ったのです。

現生人類の脳におこった変化によって、その内部を流動的知性が動き出せるような条件がつくられました。この流動的知性は、異なる認知領域のあいだにつくられた通路をとおって、横断的に流れていきます。それによって人類に特有の思考が発生するのですが、そのとき流動的知性そのものは、どの領域にも所属してしまうことがない、という特質をもちます。つまり、流動的知性が動いていくことで「何かについての思考」というものが発生しますが、流動的知性そのものは、何かについて思考するのではなく、思考そのものを思考するというやり方で、諸領域を横断していることになります。

どの領域にも所属しない思考、何かを思考するのではなく、思考自体について思考する思考、思考が生まれるところでいたるところに見出されながら、発生した思考をいつも超え出てしまう思考、ひとことで言って「思考そのもの」ないしは「思考自体」というものが、流動的知性とともに目覚め始めるのです。「思考自体」はカントの「モノ自体」ととてもよく似ています。「モノ自体」は心の働きの外に超越しています。それと同じように、「思考自体」もすべての思考をなりたたせていると同時に、あらゆる思考を超越しているからです。

思考について考える思考というものが、こうして流動的知性がニューロン間を活発に動き出すのと同時に、私たちの脳の内部に活動をはじめるのです。それは具体的なイメージに縛られることなく活動できる知性ですから、それ自体では形も色ももたない「抽象性」を本質としています。しかもそれは、脳内をダイナミックに運動していきますから、とてつもない力動性にあふれています。あらゆる思考がこの流動的知性から生まれてくるのですから、それは根源的なものです。心の働きの根源に、心を超越したもの、思考や感覚がとらえることのできる領域を超えたものが動いている。この直観から宗教的思考が生まれ出るのです。

思考を超越しているものは、思考と別物ではありません。流動していく知性の純粋な働きに根ざしているそれは、どんな思考の中にも浸透していって、いかにも現生人類らしいものの考え方を可能にさせるのです。ところが、それはどんな具体的な思考をも超越した側面をもっています。思考の内部にとどまっているかぎり、流動的知性そのものを思考することはできません。そのために、思考の内部からそれを見ると、自分の外にいる超越の働きのように直観されることになります。そういうものが、神話的思考などといっしょに、現生人類の心に目覚めたのでした。

神話的思考／宗教的思考

神話は具体的なものごと、たとえば昔の人が日々真剣に観察していた動物の生態だとか、薬や毒をとるために丹念に調べ上げて知っていた植物のことや、人間の女性という存在の不思議さのことなどが、思考のための素材に取り上げられて、そういう具体的なものごとを使って、神話は哲学をおこなうのです。

そのときに、神話は「比喩」による思考をフルに活用します。思考のためにかき集められた素材どうしを比べてみて、どういう点が似ているか、徹底的に調べ上げられます。そのうえで、これとあれは「隠喩的」によく似ていると言えるし、それとあれとは「換喩的」につなぐことができるなどと判断されて、一種の文法によって結合されていきます。そんなわけで、神話は「構造」をもっていると言われることになるわけです。

ところが、「超越」についての直観を自分の中に組み込んでいる宗教的思考では、ずいぶんと違ったことが進展していきます。異質領域を流動的知性によって横断的につないでいくことによって、人類のおこなう基本的な思考の能力は獲得されていきます。しかし、そうして獲得された思考の内部から見ていると、自分の内部に流れ込んできてはまた外に流れ去っていく「流動するもの」の本質は、部分的にしか理解することはできません。純粋思考である流動的知性は、このようにして「超越」への直観を目覚めさせ、それをとおして心のとらえる世界の「外」にむけての通路が開かれるようになります。

このとき人間の直観がとらえるものは、何かの思考の形態には違いありませんが、いくつかの点で普通の思考とは決定的に異質です。まずそこではイメージのもつ具体性がはぎとられて、抽象的な力だけがダイナミックに活動するようになります。またそれは流動性を本質としていますから、どんな「構造」でもとりおさえることができません。「構造」を突き抜けていってしまうからです。

そのために、「超越」が出現してくるところでは、思考やものごとの安定した循環が、断ち切られてしまいます。非常事態の発生とよく似たことがおこるのですね。クーデターや戦争のような非常事態がおこると、それまで日常生活の安定を守ってきた法律や制度がいったん停止させられて、非常事態に対処できる臨戦態勢がとられるようになるものですが、「超越」の出現の場合にも、思考やものごとの潤滑な流れは、そこでいったん途切れて、別の秩序があらわれてくるようになります。

「純粋贈与」の本質がはっきり見えてくる

こういうことを、私たちはすでに『愛と経済のロゴス　カイエ・ソバージュIII』で詳しく観察してあります。そこでは、贈与の原理の極限にあらわれる「純粋贈与」という概念が登場してきました。なんとも理解しにくい概念ですが、今の私たちにはそれが何なのかよくわかるでしょう。それは贈与の原理からの「内在的超越」ということをあらわしています。「純粋贈与」は具体的な物質性をもった贈り物が、相手に手渡されることを否定しようとしていました。物質的な形をもたない、目には見えない「流動するもの」が人と人との間を動いていくためには、「純粋贈与」は物をやりとりする贈与を、内側から乗り越えてしまおうとしていました。また、それは贈与にたいする返礼ということを否定します。それによって贈与の環《わ》がつくられていくことを否定して、「純粋贈与」はその循環の環に垂直に切り込んで、その環を途切れさせてしまうのでした。

こういう特徴はすべて、「純粋贈与」が「超越」にかかわっていることを示しています。それは贈与の原理の中から出現して、贈与の環を途切れさせる神様の働きです。交換と贈与だけでは、人間の経済活動の全体性を理解しつくすことはできません。そこには「超越」をはらんだ「純粋贈与」が組み込まれている必要があります。

贈与はもっとも古い社会的コミュニケーションのかたちです。おそらくは、ことばを自由に使えるようになるのと並行して、贈与というコミュニケーションの形態は生まれたものでしょう。つまり、贈与もまた流動的知性によって可能になった、「人間的な行為」の一つなのです。流動的知性は、「超越」を人類の思考の前に連れ出します。それならば、全体性としての経済に、この「超越」の要素が組み込まれていても、少しも不思議はないのです。

心の内部でおこる「超越」

こうしたことのすべてが、私たちホモサピエンス・サピエンスの心の内部でおこります。「超越」というとどこか人間の外にある世界の出来事のように思われるかもしれませんが、じつは「超越」は心の内部を突き抜けておこる出来事です。こういう事態を、スピノザの哲学などでは「内在的超越」と呼んでいましたが、まさにその「内在のままに超越する」ということが、現生人類の心の基本構造そのものによって、可能になります。

生物はまわりの環境の変化に受けにくい「内部環境」というものをつくりだそうと努力してきました。細胞のまわりを膜で覆って、外界の温度や湿度や酸やアルカリの濃度の変化などの影響が、すぐに細胞の内部の組織に及んでこないようなシステムを発達させてきましたし、そうしてつくられた内部の環境の安定（ホメオスタシー）を守るために、外から別の意志や機構をもった生命体が入り込んできにくくする免疫のシステムなどをも、発達させてきたのでした。生命体はそれによって、内面的な「自由」を手に入れようとしてきたとも言えるでしょう。

現生人類の脳においてはじめて実現されたニューロンの組織体を流れる流動的知性の出現は、このような生命体のいだく「内部の自由」への欲望を、いっそう完成に近づけていく働きをしました。外の世界の具体的な事物にモデルとなるものがない場合でも、流動的知性の生み出す「思考の思考（Thinking of Thinking　この言い方をはじめてしたのはアリストテレスです）」は、具体的対象のない抽象的空間のなかで、むしろ自由な思考ができるようになりました。こういうのをふつう私たちは「観念的だね」と言いますが、まったく現生人類こそ地上にはじめて出現した「観念的」な生命体であったと言えるのではないでしょうか。

「超越的なものごと」について自由に思考できる能力をもった現生人類は、しかし出現してから二万数千年もの間、自分の心の内部で実現できるようになったこの観念の能力を、自分の外にある自然にむかって押し広げ、自然を脳の中に描かれた「プラン」にしたがって、大幅に改造してしまうことはけっしてしませんでした。そんなことがおこるようになったのは、スピリットの中から神《ゴッド》というものが出現するようになってからのことです。

そんなことがおこるまで、スピリットによって生きていた人類は、流動的知性が開く「超越」の領域におこること（それは心の内部の出来事です）と、自分たちの外に広がる自然との間に、ひとつの通路をつくることで、内部と外部をつなぐ上手なやり方を案出してきたのです。その通路のことを、オーストラリア・アボリジニたちは「ドリームタイム（夢の時間）」と呼びました。スピリットの生きている空間の、それは別名でもあります。

心の内部と外の世界をつなぐ「ドリームタイム」

物理学の「ビッグバン理論」では、宇宙の創造にかかわることのすべては、量子論的なレベルでの力のやりとりから説明されています。そういう説明を与えているのは、人間の知性であるはずなのに、心（意識）のおこなう内的体験は宇宙創造の全過程から完全に排除されてしまっています。

旧約聖書の『創世記』も宇宙の創造について語っています。さすがにそこには、心の内的体験が介入して、地球とそこに住むあらゆる生命の創造が語り出されます。しかし、それに関与しているのは、ただ「神《ゴッド》の心（意識）」のおこなう内的体験だけで、あとはただ物質の中に神《ゴッド》の意識（創造の計画書）が吹き込まれることによって、心をもった生命体が出現するように描かれています。ここでも、神《ゴッド》以外のすべての生命体のおこなう心の内的体験は、排除されてしまっているといっていいでしょう。

その点では聖書も物理学の理論も、あまり違いはないのだと言ってもいいのです。そこには、心（意識）のおこなう内的体験と外の世界の現実とを一つにまとめあげていく努力は、ほとんど拒否されています。ところがこんなことは人類の歴史ではむしろ例外的なことで、心のおこなう内的な体験と外の世界の現実はひとつながりであると考えていた人たちのほうが、はるかに多かったのです。

みなさんだって、そう感じているのではないですか。誰もが同じように理解できる客観的現実などというものはなくて、現実というものは、それぞれの人の心の状態と外の現実とが混ざり合った「中間的」な対象のようなものであり、おたがいの会話をつうじて共通の認識をつくることができるような、ほんらいはとても柔らかいものではないか、と感じているのではないですか。

現実をとらえるこういう視点は、たとえばオーストラリア・アボリジニの世界に行くと、ほとんど哲学的なレベルにまで高められています。世界とは心のおこなう内的な体験と物質でできた外的世界の体験とが、一つにつながりあったものとして、たえまなく織り上げられていくものだ、というのがこの人たちの基本的な哲学なのです。そして内的体験と外的体験とが一つになって、たえまなく世界をダイナミックに「創造」していく、そのようなプロセスのことを、彼らは「ドリームタイム」と呼んでいるのです。

太陽はどのように造られたのか

たとえば、つぎのようなアボリジニ世界を代表する神話を見てみましょう。

太陽はどのように造られたのか

とても長い間、太陽はなく、あるのはただ月と星だけだった。地上に人間が生まれる前にはただ鳥と獣しかおらず、その大きさは様々で、どれもみな、今よりもはるかに大きな姿をしていた。

ある日のこと、エミューの「ディンナーワン」と相棒の「ブロルガー」は、マーランビジー川近くの大平原にいた。そこで二匹は、けんかになり、闘いがはじまった。カンカンに怒ったブロルガーは、ディンナーワンの巣めがけて突進し、そこから大きな卵を一個つかみ取ると、力いっぱい空へと放り投げた。卵が、空まで堆《うずたか》く積まれた薪の上で割れると、薪は、黄身まみれになってしまった。すると薪はパッと燃え上がり、その炎は下界を明るく照らしたので、地上の生物はみな、驚いてしまった。薄明りにすっかり慣れきっていたので、その明るさに目が眩んだためである。

空に住んでいた良き精霊は、炎に照らし出された大地の明るさと美しさを目《ま》の当りにした。そして毎日欠かさず火を焚くのは素晴らしいことだろうと思った。実際、それ以来、良き精霊はずっとそうしているのだが。良き精霊とそのお供の精霊は、夜通し薪《たきぎ》を集めては、それを積み上げた。薪の山がかなりの高さになってくると、良き精霊たちは、明けの明星を遣わして、「火がまもなく焚かれるぞ！」と警告した。

ところが、眠っている者どもは、明けの明星など見ないのだから、そんな警告など意味がないと精霊たちは考えた。そこで、太陽が昇るのを先触れし、眠っている者どもの目を覚ますには、何者かに命じて、明け方に大騒ぎさせればよいと思った。ところが、精霊たちは、誰にこの役をあてがうかを長いこと決めかねていた。

ある晩のこと、精霊たちはとうとう、ワライカワセミのグーグーアガガの笑い声が大気を震わすのを耳にした。

「こういう騒がしい音が欲しかったんだ」と精霊たちが言った。

そこで精霊たちは、グーグーアガガにこう命じた。「明けの明星が薄れて、夜が明けるころ、毎朝必ずひどく大きな声で笑い、まだ眠っている者を目覚めさせよ！」もしワライカワセミが言うことを聞かない場合は、これからはもう薪に火をつけないようにしよう。そうなれば大地はまた、薄暗がりの世界に逆戻りしてしまうだろう。

ところがグーグーアガガは、世界のために、明かりを守りぬいた。

グーグーアガガは、毎朝、明け方にとてつもない大声で笑うことにしたのだ。それからというものグーグーアガガは、「グーグーアガガ、グーグーアガガ、グーグーアガガ」と甲高く笑い、大気を震わせ続けている。精霊たちが毎朝一番につける火は、たいして熱くはない。けれども、薪の山全体が燃え盛る真昼までには、その熱さも激しさを増してゆく。やがてその勢いもゆっくりと弱まってゆき、日没には、赤い残り火だけになってしまう。精霊たちが雲で覆って守ったり、翌朝また薪の山に火をつけたりするために残しておいた残り火以外は、こうしてあっという間に消えてしまう。

子どもたちが、グーグーアガガの笑い声を真似ることはご法度になっている。なぜかといえば、グーグーアガガが子どもたちのそんな笑い声を聞きつけてしまうと、夜明けに二度と笑わなくなってしまうからだ。子どもたちがもし、グーグーアガガのような笑い声を上げた場合には、余計な歯が、犬歯の上に生えてくる。これはそんな笑い声を上げた罰であり、その見せしめでもある。グーグーアガガが日の出を告げる笑いをやめようものなら、大地には二度と夜明けは訪れず、ふたたびまた闇夜が世界を支配することを良き精霊たちは心得ているのだ（ロバート・ローラー『アボリジニの世界』長尾力訳、青土社、二〇〇三）。

エネルギー場としてのドリームタイム

ここで語り出されているのは、すべてドリームタイムでの出来事です。ドリームタイムではまだあらゆるものが固まっていません。そこにはワライカワセミやカンガルーやエミュー鳥などが登場してきますが、それはまだいまの私たちが知っているような姿をしていません。つまり、どの存在も物質的な形を、まだ固定していないのです。

ドリームタイムを生きる動物や植物は、エネルギー場にひたされた原型の状態にあります。エネルギーの流れだけではなく、形についての情報が含まれている、という考えですね。こういうふうなエネルギー場と形態素が一体になったのが、ドリームタイムを生きている生き物の本質ですので、それらの不思議な生物たちはスピリット（精霊）と同じ本質をもっていることになります。

「ものごとの本質を知る」と私たちならば言うところを、オーストラリア・アボリジニは「ドリームタイムをとおしてものごとを見る」と言うでしょう。現実というのは、ものごとや出来事が生起してくるダイナミックなプロセスのことなのだから、まわりの世界を「見る」ときにも、そこに心の内的体験と物質でできた現実世界とが一体になって動き、変化していくドリームタイムを「見る」ことのできる意識状態が必要だと、彼らは考えます。おそらくこういう考え方は、神《ゴッド》や国家が出現する以前の社会では、ごく当たり前の思考法だったのではないでしょうか。

そういう意識で「見た」世界は、こんな姿をしています（次ページの図参照）。

この絵には「ブッシュの豊穣」というタイトルがついています。砂漠のブッシュが育《はぐく》んでくれる豊かな生命のあり方が、ドリームタイムの眼で「見る」と、こんなふうに描かれるわけです。この絵を見て、みなさんはすぐにお気づきになったことと思います。この絵では、生命のあらわれを流動的な線やドットで表現していますが、その線やドットのつくりだす模様は、まちがいなく「内部視覚」がもたらす内的体験と、密接なつながりをもっています。

宇宙の創造や生命の発現が、ここではアボリジニ流の瞑想がもたらす内的な体験と、一つに重ねられています。「内部視覚」が開いてくれるダイナミックな光のエネルギーの流動する状態と、エネルギーの充満する形態形成場に生命体や地形などが出現してくる状態とを、一つにまとめあげていく思考が、ここには大変な完成度をもって実現されていたことがわかります。

ブッシュの豊穣
(ロバート・ローラー『アボリジニの世界』長尾力訳、青土社)

「世界はスピリットでみちている」といった考え方は、ふつうは「アニミズム」の一言で片づけられてしまうでしょう。ところが、そのスピリットは人間の心の中に、あるいはこう言ってよければ脳の中に住んでいて、心の内部の体験と外の現実を結ぶ通路をとおして、このように自由に行き来していた存在なのだということを知れば、そんなに簡単には片づけられないものだということがわかってきます。

なにしろ私たちホモサピエンス・サピエンスは自分の脳の内部に、スピリットを住まわせるための場所を備えていることによって、はじめてこのようなすばらしい能力をもつようになったのです。そう考えてみれば、スピリットが住む場所を失ってしまった世界こそ、なにか異常な偏《かたよ》りによって眼を閉ざされてしまった世界であるように思えてきませんか。

第三章

神《ゴッド》にならなかったグレートスピリット

多様性の森としてのスピリット

スピリットの最大の特徴はと言いますと、その種類の多さということにつきるでしょう。なにしろ多種多様で、数が多いばかりではなく、種類もべらぼうにたくさんなのです。このことは、日本語の世界で「おばけ」とか「妖怪」とか言われているものの多様さを考えてみれば、よくわかるでしょう。江戸時代の人はユーモアたっぷりに、そういうスピリットの世界の「博物学」をつくって楽しんだりしていました。「百鬼夜行」ということばが示すように、つぎからつぎへと涌《わ》いてくるのがスピリットの特徴です。

こういう特徴は、どうも世界中で一般的なようです。オーストラリアの砂漠に住む人たちも、アマゾン河流域のジャングルに住む人たちも、極北の氷原にアザラシを追っている人たちも、多種多様なスピリットの存在をよく知っていました。

キリスト教によって、聖霊という特別な連中を残して、あとはスピリットなどすっかり駆逐されてしまったと思われているヨーロッパでさえも、じつはスピリットは死に絶えてなどいません。イングランドのストーンサークル遺跡の近くにでかけてみれば、いまだってさまざまなスピリットの活躍の様子を語り続けている人たちに出会いますし、北欧の「トロール」と呼ばれるスピリットの生活は、童話や絵本になって子供たちに愛好されています。

スピリットの存在は、人類に普遍的なのです。それはおそらく、スピリットという存在が現生人類の脳におこった知的能力の革命的変化の本質に結びついており、そのためどんなに権力や大人たちの常識が否定しようとしても、子供や自由な精神をもった人たちの心から、スピリットの存在を示す気配のようなものを、消し去ることができないからでしょう。それどころか、スピリットを遮二無二《しゃにむに》否定しようとする人たちこそ、自分たちの能力がそこから発生してくる「はじまりの場所」の記憶を抑圧しようとして、無理をしているように思えてなりません。

人類の知的能力の「はじまりの場所」では、自由な流動性を得た純粋知性の流れが、イメージをつむぎだす思考平面を通過していくたびに、不可解なイメージのかたまりをつぎつぎと生み出していきます。それは心の内的体験と外的世界の体験とのちょうど「中間」に生み出される、それ自身が流動的なイメージですので、ひとつとして同じ形のものに固定されることがありません。その流動的なイメージ群が、分類的思考によって多少整理されることによって、私たちのよく知っているあの「百鬼夜行」するスピリットたちが、登場してくることになるわけです。

虹の蛇

ところが、多種多様を原理とするスピリット世界の内部に、それとは異質な性質をもった特別な存在がいて、同じスピリット世界にそれが共存していることの不思議さが、以前から気づかれていました。それはたとえば、こういう存在です。

砂漠性の気候に生活するオーストラリア・アボリジニにとって、乾期にも干上がってしまうことのない水源の池はきわめて重大な意味をもつ場所です。そのために、岩の窪地などにできたこうした池は、特別な扱いを受けてきました。めったなことではそこに近づいてはいけないし、特に生理中の女性が近づくことも、大声で話をしたり笑ったりするのも禁じられていました。その池の底に「虹の蛇」が住んでいると考えられていたからです。

虹の蛇のイメージは、あの広いオーストラリア大陸に住むアボリジニのあいだで、ほぼ一定しています。それをあらわす言葉をよく調べてみますと、「虹の蛇」というきまった実体が考えられているわけではなく、水源の池の奥底に住む蛇のイメージと、空に立ち上る虹のイメージには、なにか共通するものがあるという思考から、この二つがゆるやかに結合され、そのまわりにいろいろなイメージや思考を引き寄せていることがわかります。

この蛇は巨大な大きさをもっていて、ふだんは深い池の底に住んでいますが、雨期が近づいてくると、しばしば空中に向かって立ち上がってくることがあり、それを人は虹として見るのです。虹は大地の底から空中に立ち上がったエネルギー体をあらわしています。それはプリズムのように輝きながら、空中に架け渡された虹の身体をとおって、流動していくエネルギーなのです。

虹の蛇のことを「創造をつかさどるスピリット」と呼んでいる人々もいます。それは雨期にはこの蛇が地中から立ち上がって、雨をもたらし、洪水を引き起こすのとひきかえに、大地を潤していくからです。虹の蛇のおかげで、植物も動物も豊かに繁殖を続けることができるわけです。虹の蛇の身体から無数のスピリットの子供が生み落とされ、まき散らされます。そしてそのスピリットの子供が母親の体内に入り込むと、やがて人間や動物の子供が生まれてくると考えている人たちもいます。

しかも虹の蛇は偉大なる「律法者」でもあります。女性や食べ物などが結婚の規則や交換の仕組みにしたがって円満に循環していくためには、人間はいろいろと複雑な規則にしたがわなければなりません。その規則を破る者に対して、この蛇は激しい怒りを催し、侵犯がおこなわれたことに気づくや、たちまちに地中からその巨大な鎌首《かまくび》を持ち上げて、「律法」を犯した者を呑み込んでしまうと、

虹の蛇が住む池（上）と虹の蛇（下）
(Jennifer Isaacs ed., *Australian Dreaming*, Lansdowne)

まじめに信じられていました。

「大いなるもの」の感覚

虹の蛇はまぎれもなくスピリット族の一員でありながら、オーストラリア・アボリジニにとっては、偉大なる「創造者」にして「律法者」だったわけです。一神教の成立に決定的な意味をもつことになったモーセの体験のことを、ここで思い起こしてみるのもいいでしょう。モーセの前に出現した神《ゴッド》は、天地を創造した「創造者」であるとともに、厳《いか》めしい態度で律法の遵守をユダヤ民族に要求する「律法者」でもありました。モーセの神《ゴッド》は自分以外の一切の神を大切にすることを、激しい嫉妬心をもって拒絶しました。ところが、虹の蛇は自分がスピリットの仲間であることを否定するどころか、むしろスピリットの増殖に一役買おうというほど、大らかな性格をもっています。

つまり、虹の蛇はスピリット中でもずば抜けた存在でありながら、あくまでもスピリット世界の一員であることを変えません。スピリットの世界はおびただしい数と種類のスピリットでひしめき合っています。しかしそこには同時に、一神教の神《ゴッド》を思わせるようなとてつもない威力と単独性をそなえた「大いなる霊」も存在し、おたがいを排除しあうことなくひとつのスピリット世界で共存しあっています。そしてこのようなスピリットのあり方は、「国家をもたない社会」では、むしろ普通のことだったのです。

アメリカ先住民の「グレートスピリット」

最初にアメリカ先住民と白人が接触をはじめた頃から、彼らの間にキリスト教の神《ゴッド》の考え方とよく似た「超越者」の概念があるらしいということが、気づかれていました。霊的な存在すべての上に立つ、大いなる霊という意味で、その概念は英語で「グレートスピリット」と呼ばれるようになりましたが、宣教師たちがいくら「君たちの信じているそのグレートスピリットこそ、われわれの言う神《ゴッド》なのだよ」と説明しても、先住民たちは容易に納得しませんでした。それは神《ゴッド》とグレートスピリットの

グレートスピリットに祈るオジブア・インディアン
(Edward S. Curtis, *The North American Indian*, TASCHEN, 1997)

あり方に、根本的な違いがあったからです。
「グレートスピリット」と訳されることになったこの偉大なものに捧げる、祈りの言葉に耳を傾けてみることにしましょう。これはカナダの五大湖のあたりに暮らしていたオジブア族のものです。

おお、グレートスピリットよ、私は嵐の中にあなたの声を聞きます。
あなたの息吹は、万物に生命を授けています。
どうか私の言葉を、お聞き届けください。
あなたが生んだたくさんの子供の一人として、
私はあなたに心を向けているのです。
私はこんなに弱く、そして小さい。
私にはあなたの知恵と力が必要です。
どうか私が、美しいものの中を歩んでいけますように。
赤と緋に燃える夕日の光を、いつも目にすることができますように。
あなたが創り出したものを、私の手がていねいに扱うことができますように。
いつもあなたの声を聞き取っていられるよう、
私の耳を研ぎ澄ませていてください。

あなたが、私たち人間に教え諭したことのすべてと、
一枚一枚の木の葉や一つ一つの岩に隠していった教えのすべてを、
私が間違いなく理解できるよう、私を賢くしてください。
私に知恵と力をお授けください。
仲間たちに秀でるためではなく、人間にとっての最大の敵を
わが手で打ち倒すために。
汚れない手とまっすぐな眼差しをもって、
あなたの前に立つことができますように。
そのときこそ、私の命が夕焼けのように地上より消え去っていくときにも、
わが魂はあなたのもとに堂々と立ち返ってゆけるでしょう。

なんとも美しい祈りの言葉ではありませんか。私たちの知っているどんな宗教の「偉大な者」たちも、これほど純粋で、これほど美しい言葉で呼びかけられたことはないのではないでしょうか。

さて、ここからすぐにわかることは、「グレートスピリット」というものが、私たちが神学的な言い方だと「神《ゴッド》」、哲学的な言い方だと「存在 Existence」と呼んでいる概念に、きわめて近いということです。それはこの世界のあらゆるもの（諸物）に遍在して、区別なく生かそうとしている力をあ

らわしています。しかもこの力がくまなくいきわたっているからといって、諸物のもつ個体性がなくなってしまうというのではなく、個体性を保ちながらもその壁をのりこえて、あらゆるものにいきわたっていくのです。

「グレートスピリット」の形態学

アメリカ先住民はこの「グレートスピリット」の概念を、いろいろな名前で呼んでいます。「オレンダ（イロクォイ族）」「マニトゥ（アルゴンキン諸族）」「ポクント（ショショニー族）」「イェク（トリンギット族）」「スガナ（ハイダ族）」などなど。そこにこめられている考えは、メラネシアの人たちが「マナ」と呼んでいる概念や、古代の日本人が「タマ」と呼んだ考えと、ほとんど同じものと言っていいでしょう。

一例をあげてみましょう。スー族の支族オグララの人たちは、「ワカン Wakan」という言葉でスピリットにかかわる現象を言い表そうとしています。

ワカンという言葉はいろいろな意味をもっています。ラコタの人々は（抽象概念をつくらずに）、これはワカンであると考えられているような諸物をとおして、ワカンの本質を理解しています……この世界にあるすべてのものがスピリットをもち、スピリットはワカンなのです。ですから、木のスピリットは人のスピリットとは違うけれども、どちらもワカンです。ワカンはワカン的存在であるスピリットからやってきます。ワカン的存在は人間よりも偉大です。それは動物より人間のほうが偉大だというのと同じ意味です。動物たちは人間にできないことをたくさんやってのけますが、ワカン的存在に助けを求めて祈ることができるのは、人間だけだからです（William K. Powers "Oglala Religion"）。

このワカンの中でもっとも偉大なのが、ワカン・タンカと呼ばれています。文字どおり偉大なワカンという意味です。ワカン・タンカは一六の異なる顔をもつと言われますが、その本体は一つです。ほかのどのワカンよりも威力がある（「四倍威力のあるワカン」という表現も使われます）からこう呼ばれるわけですが、ワカンの世界全体から浮き上がってしまっているわけではないようです。

しかも重要なことは、アメリカ先住民のどの社会でも、「グレートスピリット」には人格神の要素がまったくといっていいほど見られません。それは遍在し、流動し、活動する見えない力として、けっしてそれは人間の姿をまとったりしないところが、高級感を漂わせます。

シュミット学説再考

さて人類学はこのような事例を、アメリカ大陸やアフリカやメラネシア・ポリネシアなどで、つぎ

シュミット神父（岡正雄「異人その他」言叢社、1979）

つぎと発見してきました。こうした事例の上に立って、一九二〇年代のウィーンの民族学者シュミット神父は、神《ゴッド》の観念の発達をめぐる進化論的な学説を根底からひっくり返す、つぎのような仮説を提出したのでした。

唯一神《ワン・ゴッド》の観念は、進化論的な人類学理論が考えるように、アニミズム、多神教、シャーマニズムなどの段階をへて、しだいに進化していった人類の神観念の最後のフェイズにあらわれたものではなく、最初から人類の心に発生していたものである。その証拠に、世界中の民族の神をめぐる古い考えの中に、「高神《たかかみ》（いと高き神）」の考えを見出すことができる。この「高神」は諸霊に秀《ひい》でたたった一人の神なのであるから、これを唯一神《ワン・ゴッド》の原型と認めることができる。つまり、人類は旧石器時代からすでに一神教の萌芽を、心の中に宿していたと言える。しかしこの観念はあまりに高度でなじみの少ないものだったので、そのうち人々はそれを忘れてしまい、ユダヤ民族による再発見まで、長いこと忘却のうちにしまいこまれていた、という考え方です。

いかにも信仰篤《あつ》い神父様の考えた理論だな、と感じさせるところもありますが、私はこのシュミット説（戦後になると、ドイツ系の民族学全体の没落とともに、ほとんど顧みられなくなった学説ですが）には、大いに取るべきところがあると思います。それはすでにみなさんに概要を説明しておいた、流動的知性の発生と「超越性」をめぐる思考とをめぐる認知考古学的な考えと、共鳴するところがあるからです。

ホモサピエンス・サピエンスへの飛躍を可能にしたのは、脳内に新しいレベルのニューロン組織網がつくられて、それまで領域化されていた知性の働きの間を、自由に流動していける知性が動き出したからだという仮説を認めるとしましょう。現代の認知考古学はここから、「比喩」を本質とする現生人類の言語能力が形成されてくるプロセスを描き出そうとしてきました。これに対して私たちは、そのとき同時に「思考を超え出たもの」についての直感も発生できるのだと考えたのでした。

流動的知性は特定の領域に閉じ込めることができません。特定の領域にその流動的知性が流れ込むときには、その領域特有の「色」や「形」が付けられますが、その流動的知性が隔壁を越えて別の思考領域に入っていくと、別のグリッド（枠）の作用を受けて、別の「色」や「形」を付けられることになります。そのとき二つの領域の重ね合わせがおこって、「色」の混合がおこり、「形」の変形がおこなわれて、ここに「比喩」的な重ね合わせをされた新しいイメージが形成されます。人類がいま使っている言語は、この重ね合わせが可能にしたものです。

しかし、どこにも領域化されない流動的知性そのものには、ほんらい「色」も「形」もないもののですから、そこに思考の側から焦点を合わせるとなると、「思考を越えたもの」の実在が直感されるようになります。もともとはその流動的知性が思考をなりたたせているものなのですが、それ自体に焦点を合わせると、「思考を超えたもの」が出現してくるというわけです。

一即多、多即一

このとき二つのモノが「見えて」くるようになります。一つは「色」も「形」もない流動的知性が、心の底部を通過して思考の内部にあらわれてくるたびに出現する、思考と思考でないものとの「中間的」な存在、すなわちもろもろのスピリットたちの存在です。スピリットたちは数の多さ、種類の多様さを特徴としています。なにしろスピリットは強烈な流動性を失わないまま思考のグリッドを通過してくるために、思考がしっかりと捕捉できるような同一性をもっていません。それは、自分自身の力によって姿を変化させ（metamorphose）、すばやく運動していく敏捷さをそなえ、出現したかと思うと消えていってしまう不確かさを特徴としています。

しかし、そういうスピリット世界の向こう側に、もう一つ別のモノが「見える」のです。それは流動的知性の純粋状態をあらわしています。どんな思考の領域にも触れることがなく、心の底のすぐ向こう側を流動しているように見える、知性的ななにものかのことです。それは「色」も「形」ももちませんし、分割されることのない連続体ですので、心の内側にいる思考には、とてつもなく「単純」

で、「単一」なものが強烈な働きをおこなっているのが、直感されることになるでしょう。これこそ、スピリット中のスピリット、もっとも威力にみちたスピリットである「グレートスピリット」にほかなりません。

このスピリットと「グレートスピリット」は、仏教的な言い回しをすれば、一即多、多即一の関係にあります。一というのが「グレートスピリット」にあたり、多というのが多種多様のスピリットをあらわしています。もともとその二つは、同一の流動的知性の見せる異なる姿にほかならないのですから、「即」でひとつに結ぶことによって、はじめて全貌があらわになるような本質をもつと言えましょう。それにしても仏教の論理は、このようなスピリット世界の構造を表現するのにぴったり、というケースがしばしばです。ここにも仏教という宗教の本質の一端が示されていますが、それについて詳しく語るのは、まだ先にとっておくことにしましょう。

カタストロフィがおこった

ようするに、シュミット学説の半分は、まったく正しいのです。現生人類の心が生まれたとき、そこにはすでにスピリットの世界が完全にできあがっており、しかもそのスピリット世界の中には唯一神《ワン・ゴッド》の原型である「単純者＝グレートスピリット」までもが、威厳をもって立ち上がりはじめていたのですから。

しかし、シュミット神父の学説の半分は正しくないと思います。「グレートスピリット」から唯一神《ワン・ゴッド》への展開の途中には、越えられないほどに深い溝が横たわっていることを、この学説はとらえていないからです。それに一神教の成立まで、その「いと高き神」の観念が忘れられていたというのも、信用できない説です。それは多神教の体系の中に、しっかりと生き続けていたのですから。オーストラリア・アボリジニやアメリカ先住民のものの考え方を見るかぎり、スピリットと「グレートスピリット」はまったく同じスピリット世界に、同じ資格で同居しあっています。ところが、一神教の神《ゴッド》は多種多様のスピリットたちとは、まったく違う位相にいます。ようするに「グレートスピリット」は絶対に神《ゴッド》になろうとしないのです。

ではいったいどのようなカタストロフィがおこれば、「グレートスピリット」は唯一神《ワン・ゴッド》に変貌できるのでしょうか。この問題を考え抜いていくと、私たちは精神と物質とが同じ運動をくりひろげる不思議な領域の扉を押し開いていくことになります。

第四章

自然史としての神《ゴッド》の出現

カーテンの向こう側へ

さてここまでのところ、私たちはなんとなくわかったようなふりをして、「スピリットとともに暮らす世界」のことを語ってきたわけですが、本当のことを言うと、その世界に生きる感覚をまるごと理解するのは、ほとんど不可能に近いほど難しいのです。私たちが生きている世界とその世界との間には、厚いカーテンが下ろされていて、こちら側にいる私たちには、そのカーテンの向こう側のことを容易にうかがい知ることはできないようになっています。こちら側と向こう側では、まるでまったく組成の違う地層が広がっているように見えるのです。

まったく同じ知的能力をもっているはずなのに、なにかをきっかけに人類の心（精神）のつくられ方、トポロジーに決定的な変化がおこって、それぞれの心がとらえる世界はひどく違ったものになってしまったようです。「超越」の領域を心の中のどのような場所に据えておくか、という点にもっとも決定的な違いがあります。そのことが原因で、私たちのいるこちら側の世界では、スピリットのほかに神《ゴッド》というものがいます。

そして、もう一つ重要な違いは、スピリットしかいない世界には国家がありませんが、神《ゴッド》のいる世界には国家というものの存在が大きな影響を及ぼしています。今日の世界には「帝国」などというものまでが再び猛威をふるっていて、国家のない世界などを想像することさえ困難になっていますが、人類の歴史の中では神《ゴッド》も国家もないという状態のほうが、ずっと長かったことを忘れてはなりません。

不思議なもので、心のトポロジーに微妙な変化が生じただけで、それ以前の心がとらえていた世界はすっかり見えなくなってしまいます。地質の組成が劇的に変わって、はっきり異なる地層が心の内部に形成され、二つの世界の間にはカーテンが下ろされてしまいます。民俗学者の折口信夫《おりくちしのぶ》は、そのようなカーテンの向こうに広がっている、容易に理解を許さないスピリットとともにある世界を探究する学問を「古代研究」と名付けましたが、私たちはこの講義を利用して、そこに現代科学の視点を注ぎ込むことによって、「古代研究」という魅力的な学問を現代に一新する試みを、はじめてみようと思うのです。

手掛かりはどこに？

カーテンの向こう側に入り込んでいくための手掛かりは、しかししっかりと残されています。私たちがすでに見てきたように、オーストラリア・アボリジニやアメリカ先住民のように、つい最近まで国家をもたない社会のあり方を維持してきた人々の中にあっては、「超越」の領域の近傍には、たくさんのスピリットたちが群れていました。その中には、とりわけ威力のある「虹の蛇」や「グレートスピリット」などもいましたが、普通のスピリットたちとこうした「大いなる霊」との関係はきわめて流動的で、べつにスピリット世界の中に固定した階層制があるわけではありません。

重要なことは、このスピリットたちが群れているあたりが、「超越」の領域への入り口を示していることです。それは外の自然のさまざまな場所に見出されます。特徴のある岩や樹木や湖や川などには、目には見えないスピリットが群れていて、人間との交流をうかがっています。一匹一匹の動物たちを活動させているのも、スピリットです。人間が目で見ている動物の姿は見かけだけで、本当はカンガルーの霊やエミューの霊がそこでは動いているのです。この意味では、生命あるところ、いたるところが「超越」への通路と言えるかもしれません。

しかし、「超越」の領域への出入り口は、人間の心の中にも開かれています。脳のニューロン組織の中を流動していく自由な純粋知性こそが、そのような「超越」との接触点を開くのです。その通路を確実に開くためには、流動的知性の活動を前面に浮上させてくる必要があります。シャーマンのトランス技術や瞑想や幻覚性植物の作用などを利用して、この社会の人々は流動的知性をできるだけ純粋な形で、意識の前面に浮かび上がらせようとしてきました。つまり、「超越」を脳の中で、じっさいに発光させたり、音を出させたりすることで、それに直接に触れてみようとした、と言えるかもしれません。

心の内面にも「超越」への出入り口は開かれていますし、心の外に広がる自然の中にも、いたるところにそれが見出されます。この世界には、特別な「超越者」などと言うものは存在しないようなあり方で、「現実」と「超越」は一つにつながっているのです。

奇妙な「超越」

なんとも奇妙な世界ではありませんか。目の前に一匹のカンガルーがあらわれました。木の槍を手にしたアボリジニは、そこに獲物となる可能性をもった現実の動物をしっかりと見ています。彼はこの動物が、現実の世界でおこなう行動の様式を知り抜いています。つぎの瞬間に、この動物がどんな方向に飛び出していくのか、経験から正確に予測することができるのです。

しかし、このアボリジニはそのとき同時に、目の前にいる現実の動物の内部で、流動するエネルギー体が活動しているのも「見ています」。それは現実のカンガルーという動物にとってはその「原型」となる、エネルギーと形態情報とが一体となって動いている、スピリットとしてのカンガルーなのです。このカンガルー＝エネルギー体は周囲の自然とも、同じ流動体のレベルで、無数の糸によってつながっています。ゆらゆらと流動していくエネルギーの海の中に、カンガルー＝スピリットの塊《かたまり》が浮かんでいるようです。

ここでは「現実」と「ドリームタイム」が同じ場所で、同時に活動をしています。現実のカンガルーの目はじっとこちらをうかがっていますが、ドリームタイムの時空で活動するエネルギー体としてのカンガルーは、エネルギー連続体に発生した強度の盛り上がりとして、緊張を伝えています。そのことを同時に「見ている」ことのできる狩人でなければ、自分のしていることの意味を詳しく知っている、正しい狩人とは言われないのです。

そして、イニシエーションで秘密の知識を長老から伝えられたこのアボリジニには、同じことが自分の体内でいままさに進行中であることも、正確に認識されています。彼の「内部視覚」は、流動していくエネルギーとしての心の動きを、視神経束内部のヴァーチャル空間のスクリーンに、美しく映し出されたパターン群の運動として「見て」います。そして、「内部視覚」が開いて見せるこのようなレベルを介して、人間の心の内部の流動するエネルギーは、外の世界を流動していくドリームタイム・レベルのエネルギーと、無数の細い糸でつながっているのです。

アボリジニの描いた絵画を見ると、彼らが世界をこのようなやり方で、じっさいに認識しようとしていたことがよくわかります。まったく彼らの世界認識には、仏教徒も真っ青でしょう。仏教では、「色即是空《しきそくぜくう》、空即是色《くうそくぜしき》」の意識を保ったままに、この世界を認識することが求められています。「色」は私たちの「水のたまった眼」がとらえる現実のことをさしていますし、「空」は内部の「知恵の眼」だけがとらえることのできる、流動する純粋知性を示しています。現実と純粋知性の活動を一つに重ねながら、仏教徒は世界を認識しなければならないというわけですが、「現実即ドリームタイム」の認識法を教えるアボリジニの知恵のほうが、ナチュラルで堂々としているように感じられるのではないでしょうか。

おそらく数万年をかけて蓄積されたアボリジニの知恵と二千数百年の歴史をもった仏教の知恵の間には、まだ私たちのよく知らない通底路が存在しているようです。そして、その通底路は人類の未来にまで伸びていて、その先端から私たちがまだおぼろげにしか予感することのできない「来るべき知恵」の形態が発生してくるように、私には思われます。この問題の探求は、しかしこのシリーズの第五巻までお預けとしておきましょう。

「メビウスの帯」による世界の認識

さて、このような「スピリットとともにある」世界の体験を、高度資本主義社会を生きる私たちがまるごと理解することなどは、とうてい不可能です。そういうときには知的なモデルを使って理解を補うというのがよいやり方だ、とレヴィ＝ストロースも語っています。認識をおこなっている人間も、その人間を取り巻く自然も、すべてが連続するエネルギーの流動体としてとらえられている世界の体験を、一つのモデルでとらえるのだとしたら、最適なものがあります。それは、「メビウスの帯」と呼ばれるトポロジーの図形を使うことです。

この図形については、みなさんもどこかで耳にしたことがおありでしょう。細長い紙をひとひねりして、その両端を糊付《のりづ》けします。それだけのことで、人間の空間認識にとってもっとも重要な図形である「メビウスの帯」ができあがります。この図形は単純なようでいて、とても奥深い世界を秘めて

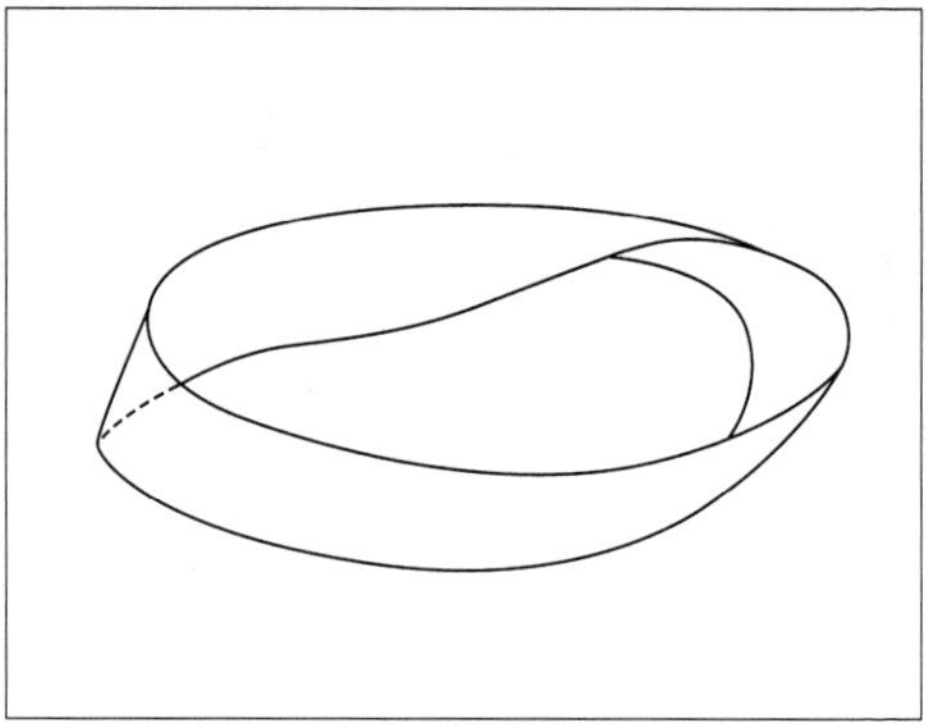

メビウスの帯

います。

いちばん重要な点は、「メビウスの帯」には、裏と表の区別がないということです。一つの面の上に蟻を一匹載《の》せて、中心線にそってとっとことっとこと歩いてもらうことにしましょう。表《おもて》の面の上を歩いているうちに、いつの間にか蟻は裏面に出てしまっていることに気づくことになります。もう一度表に出るためには、そのまままたとっとことっとこと歩き続けるしかありません。

この「表と裏の区別がない」図形が、じつに多くのことを語るのです。たとえば、ここに一枚の長細い紙をもってきて、表面は「生者の世界」をあらわし、裏面は「死者の世界」をあらわすものとしましょう。紙の表面に穴でも開けないかぎり、表から裏に抜けていくことはできないとしますと、この紙の状態は、私たちの「常識」がとらえる世界認識をあらわしています。私たちはふつう、生きているときには死の世界のことはわからないし、死んでしまったものが生者の世界に自由に来ることなどはできない、と決め込んでいます。生者の世界と死者の世界は、紙の表面と裏面のように、くっきりと分けられていて、二つの世界を連続させることなどは不可能だ、というのが今日の

「常識」の立場です。

ところが、さきほどから私たちが研究している「スピリットとともにある古代」では、そのような区別は存在していませんでした。生者の世界と死者の世界は一つながりになっていると考えられていたからです。もっと正確に言うと、彼らの世界には、私たちの考える固定した生者の世界も、死者だけの住む世界も考えられてはいません。生と死のさらに根源に、生でも死でもないエネルギーの連続体があり、そこには無数のスピリットが住んでいて、通りがかった女性の胎内に飛び込んでは新しい生命となって、現実の世界にあらわれ、しばらくその世界で体験を積んだのちに、死と呼ばれる出来事を通過して、再び生死を超えた連続体にたち戻っていく、というのがこの「古代人」にとっての「常識」でした。

このような生死の現実のとらえ方を、一つのモデルでとらえるとしたら、「メビウスの帯」にまさる図形はありません。もちろんこの図形だけでは、背後にある生と死の区別を超えて存在し流動するものを直接に表現することはできませんが（いったいことば以外の何がそんなものを表現できるでしょう！）、生者の世界がこの見えない流動体をとおして死者の世界に連続していく様子を、この図形はもののみごとに表現してみせることができるのです。

「現実」と「ドリームタイム」が同じ空間で生起していることも、多少ぎこちないですけれども、「メビウスの帯」で表現してみることができます。ドリームタイムの位相にあるカンガルーは、七色のスペクトルを放散しながら流動していく柔らかい形態素ですが、意識の低エネルギー状態をあらわす現実の世界をとらえる眼には、はっきりと確定したあのカンガルーの姿が見えます。つまり、「現実のカンガルー」と「ドリームタイムのカンガルー」が一つの連続としてとらえられている、というのが狩猟民にとっての一種の「常識」でした。ですから、その世界認識をモデル化しますと、「メビウスの帯」になるわけです。

死者の世界を抱く環状集落

国家をもたない社会、神《ゴッド》のいないただスピリットだけでつくられた「超越世界」をもつ社会、狩猟採集を中心に組織された社会――このような社会に生きる人間が世界を体験している構造を、「メビウスの帯」をモデルにして考えてみると、これまで謎とされてきた多くの問題に、新しい理解の光が差し込んでくるように思われます。ここではそういう問題の中から一つ、環状集落の構造をめぐる謎をとりあげてみることにしましょう。

日本列島に展開した縄文文化がもっとも盛んであった「中期」の遺跡を発掘してみますと、人々の住居が真ん中の広場を中心にして、そのまわりに住居が配置される環状集落の形をしているケースがとても多いことに、強い印象を受けることになります。しかし、もっと驚くことがあります。その中央の広場では、集会やお祭りがおこなわれたことが推測されますが、その広場の地面の下には死者の

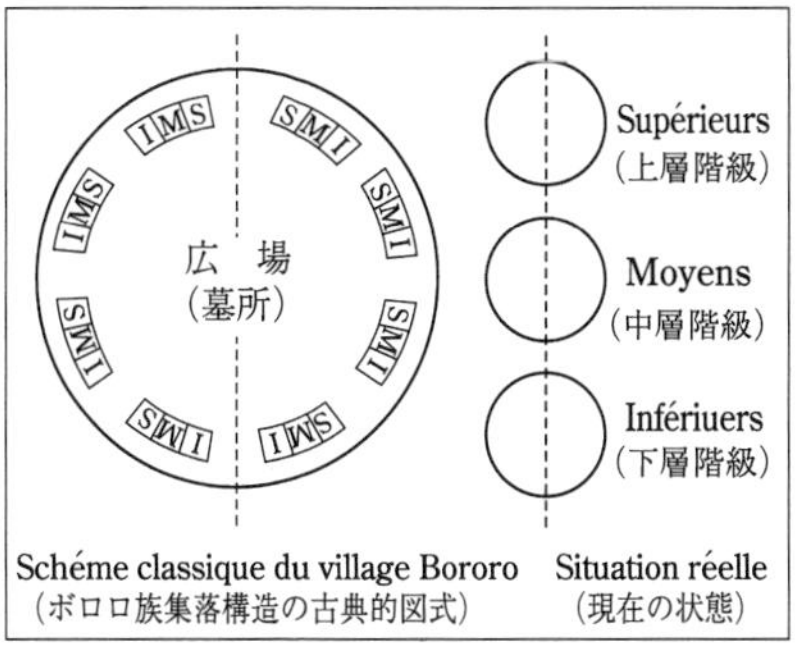

②

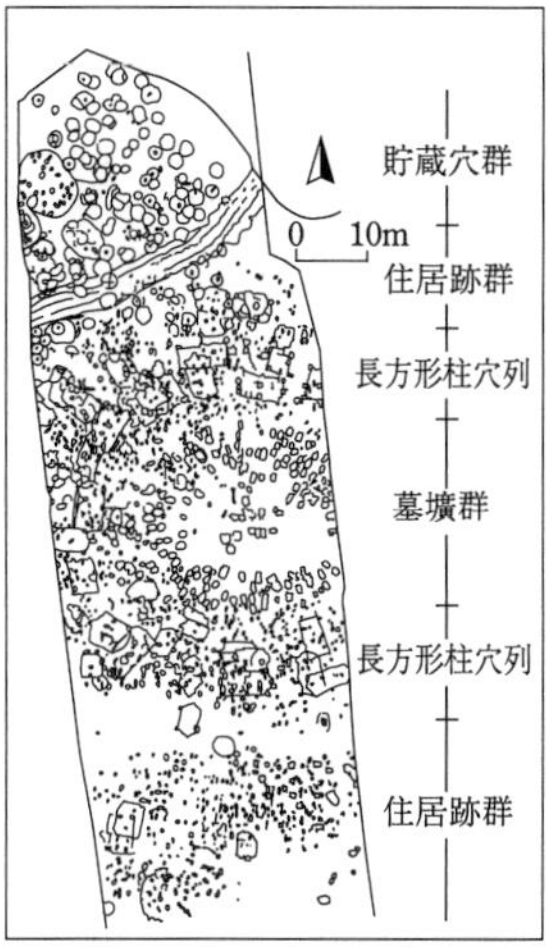

①

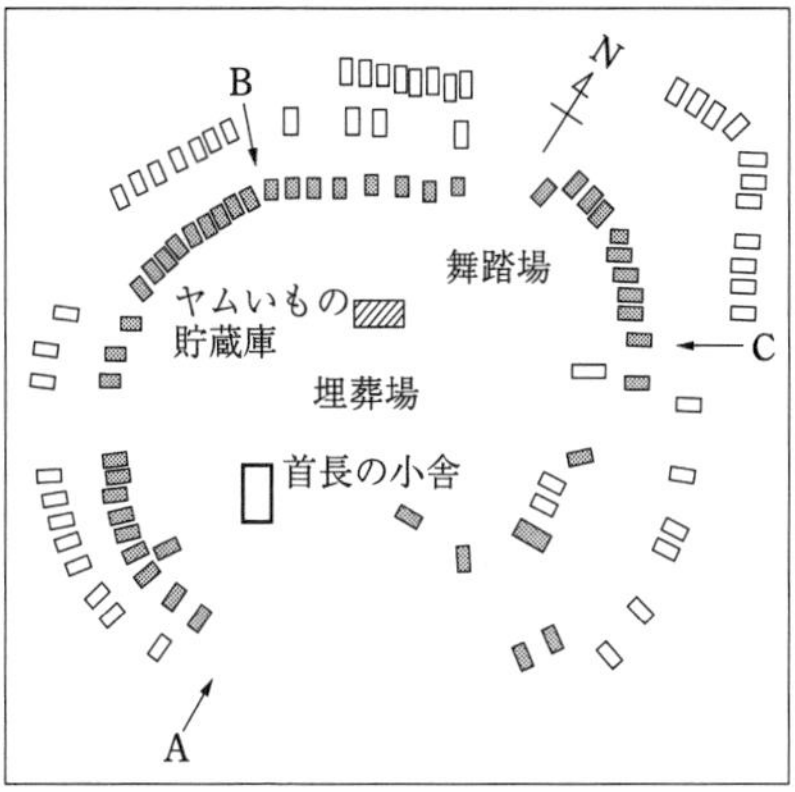

③

3つの環状集落
①縄文環状集落（冨樫泰時「縄文集落の変遷＝東北」『季刊考古学』44）
②ボロロ族環状集落（レヴィ＝ストロース『悲しき熱帯』）
③トロブリアンド島環状集落（レヴィ＝ストロース『構造人類学』）

遺体が埋葬されてあるのです。

つまり、「縄文の思想」の表現がピークを迎えたこの時期の集落では、生者の住む住居は死者の住む墓地を真ん中に抱き込むような形につくられ、そこでの日常生活はつねに死の臨在のもとにくりひろげられていたことが、考えられるのです。このような集落の構造がはらんでいる思想的な問題は、まだ十分には解明されていません。

同じような構造をもった集落の例は、地球上のずいぶん広い範囲から報告されています。アマゾン河流域に住むボロロ族の村が、死者を埋葬した広場を中心にもつ環状集落の構造をしていることは、早くから注目されていましたし、人類学者マリノフスキーの調査で有名なトロブリアンド諸島の村も、死者の世界を中心に抱くまったく同じ構造をしています。この点から見ても、縄文中期の環状集落の例は、新石器時代の人々の精神のあり方のある重要な側面を示している、普遍性をもった現象であることがわかります。

このような村の構造がつくられた理由を、レヴィ＝ストロースは「双分制 dualisme」の論理の展開として説明しようとしています(『構造人類学』)。中心と周縁、男性と女性、神聖と世俗などの対立を、同心円的な空間構造として配置しようとすると、こういう環状集落ができあがるというのです。しかし私は、生者の住む家屋を環状にぐるっと配置した真ん中の空間に、死者の住む世界（または、死者の住む世界への入り口）を置いてみせる縄文中期の人々の心に働いていたものは、どうもそれだけではないのではないか、と勘ぐっているのです。

縄文土器に描かれた「メビウスの帯」の思考

そのことを説明するには、こんな縄文土器をお見せするのがいいと思います。典型的な環状集落の発見された遺跡から出てきた、この時期の最高傑作の一つかもしれないと思わせるほどにみごとな土器です。

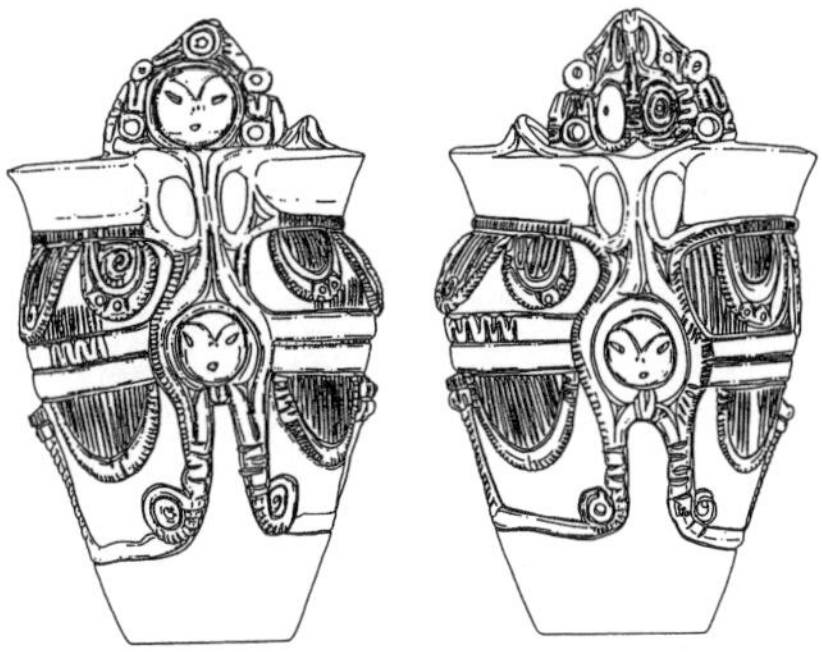

「人面つき深鉢」(須玉町御所前)
(小林公明「新石器時代中期の民俗と文化」『富士見町史』富士見町教育委員会)

この土器に描かれているのは、蛙《かえる》の背中だと言われていま す。蛙の背中がぱっくりと割れて、そこから新生児の顔があらわれています。多くの神話の中で、蛙は死の領域に近いところを住まいにする、両義的な水中動物だと言われています。月の表面にへばりついて「月の隈《くま》」となっているのが蛙だと言われることもありますし、口から水を吐いて大切な火を消してしまうのも、この蛙です。その死の領域の動物である蛙の背中から、新生児が生まれてくる瞬間が、ここには描かれています。「双分制」の思考では、生と死は対立する項として向かい合うことになりますが、この土器に実現されている思考では、生と

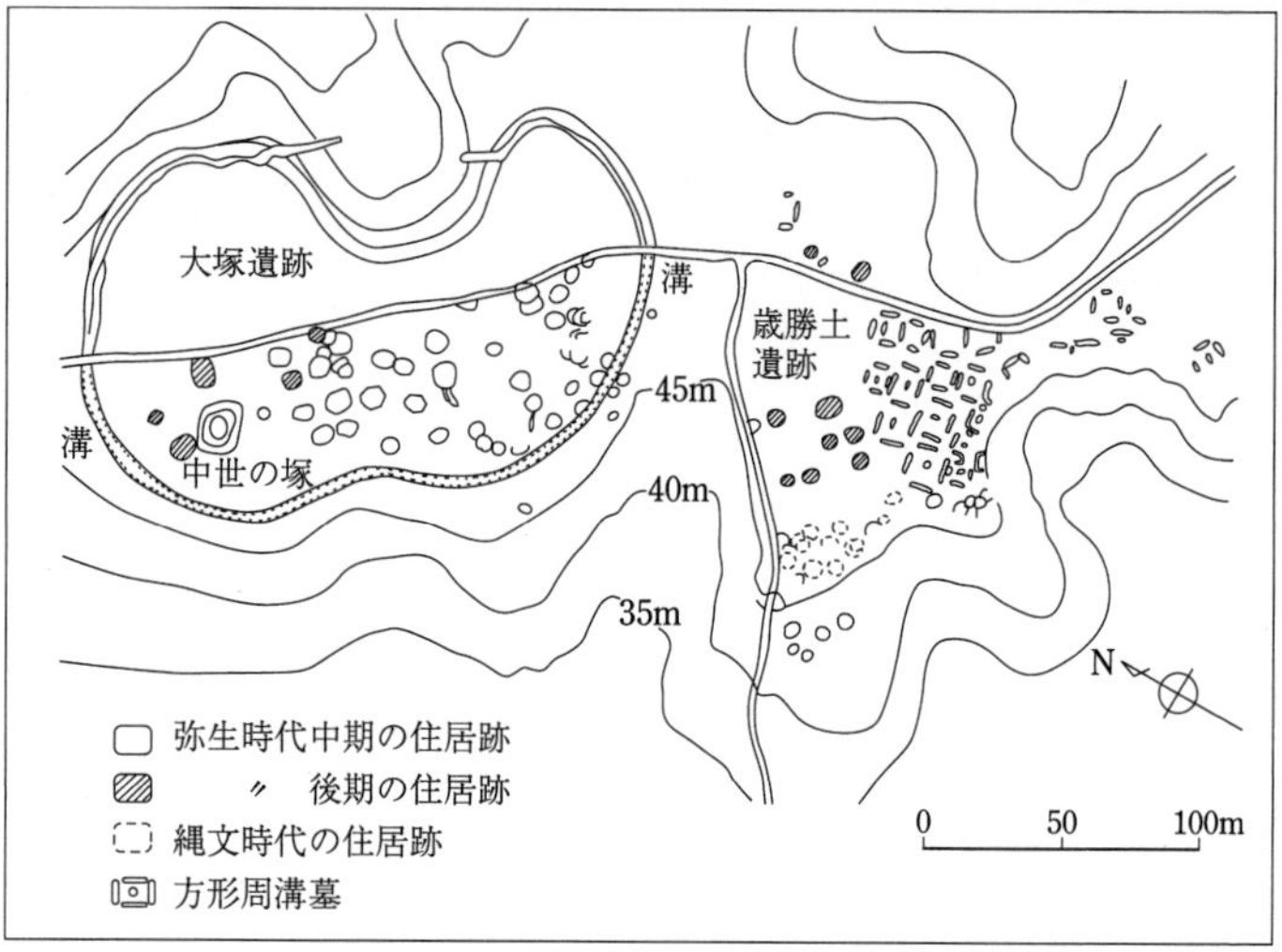

弥生集落における居住地と墓所の分離の例（大塚遺跡と歳勝土遺跡）
（佐原真「弥生時代の集落」『日本考古学論集２　集落と衣食住』吉川弘文館）

死はまるで「メビウスの帯のように」（あるいは三次元的に「クラインの壺のように」と言ってもいいかもしれません）ひとつながりになっているではありませんか。目には見えない生と死がまだ一つである領域から、エネルギーが立ち上がってきて、一つの新しい生命を生みだそうとしています。そのエネルギーが現実の世界に触れる瞬間に、生と死が一体であった状態から、生と死が分かれている世界への変化がおこります。そのとき、新しい生命は、死の領域を象徴する動物の背中を割って出現するわけです。

同じ「メビウスの帯」の思考法を、あの環状集落の構造の中に見ることができます。今度は土器の場合とは逆のことがおこっています。ここでは、生者の住む空間の「背中を割って」死者の世界への通路が開かれているからです。おそらくこの死者の埋葬されている広場の上で、舞踏や祭りがおこなわれたと考えることができます。「メビウスの帯」がねじれて、表が裏にくるっと変化をおこすその場所で、人間が「超越」に触れようとするための行為がおこなわれるのです。そこでこそ、人間はスピリットと一体になれるはずだ、と考えられたはずです。

こうしてみますと、縄文中期の文化を彩るこのような環状集落の構造をつくりだしたのは、「スピリットとともにある古代」に特有な高次元的な思考であり、それをモデル化してみると「メビウスの帯」になるという私の考えも、あながち突飛なものとは思えなくなるのではないでしょうか。そこでは、生と死がひとつづきの出来事として思考されています。そして、生と死という現実の向こう側に、何らかの流動的な実体のあることが、この思考法には直感されています。おそらく、仏教にも大きな影響を与えたインド人の輪廻《りんね》思想なども、そうした「メビウスの帯」的な新石器思考の名残なのではないでしょうか。

弥生の集落で変化がおこる

ところが縄文時代も後期や晩期になってきますと、このようなスピリット的思考にどうも陰《かげ》りが出てくるように思われるのです。墓地が集落中央の広場から、外に持ち出され、生者の世界と死者の世界とがしだいに分離されはじめているのが、感じられるからです。たとえば、三内丸山《さんないまるやま》の巨大な縄文遺跡のことを思い出してください。そこでは墓地は、集落と外の世界を結ぶ道路の両脇に配置されるようになっています。

そののちに西日本を中心につくられてきた弥生の集落では、このことはもっと顕著になってきます。死者を埋葬する墓地は、村から離れた山の裾野などにつくられて、生者と死者の世界は空間的にもはっきりと分離されるようになっています。そこに住んでいた人々の世界体験は、現代の私たちのものとそう違わないものに変化していたのだと思います。この人たちも、縄文人たちのとらえていた、スピリットみちあふれる世界はもう体験も理解もできなくなっていたはずです。死者の世界は、生者の世界からは遠く離れた別の空間に考えられるようになったでしょう。もう世界は、「メビウスの帯」のモデルのようにして、とらえられていないからです。

スピリットと生きる「古代」の人々の心をかたちづくっていた「メビウスの帯」に、決定的な変化が生じたのです。何がおこったのかは一目瞭然です。「メビウスの帯」に切れ目が入れられたのです。

「メビウスの帯」の切り裂き

「メビウスの帯」を中心線にそってハサミを入れて、真ん中で切り裂いていくと、面白いことに輪は二つにバラバラにならずに、ひとつながりの大きな輪ができますが、この輪には表と裏の区別ができています。それまでは、表から裏への移動はいとも簡単におこなわれたのに、切り開かれた後では、もう表から裏に行くこともできなくなっているし、裏から何かが表に渡ってくることもできなくなってしまいます。

スピリット的思考の内部に、同じような輪の切り離しがおこったとすると、そのとたんに世界を体験しまた認識するやり方が一変してしまいます。その瞬間から、それまではあんなに周囲にみちみちていたスピリットたちの姿が、急に見えなくなってしまいます。スピリットの世界は、人々の住む世界から遠く離れた森や山の中に退却してしまいます。

内部と外部の間には、簡単に越えられない隔壁ができ、人々はものごとを「双分的」に処理するようになります。誰にでもあんなに豊かに「見えていた」スピリットたちの住む世界は、人々の意識の表面からは消え去って、かわってそこに登場してくるのが「神《ゴッド》」たちの世界なのです。

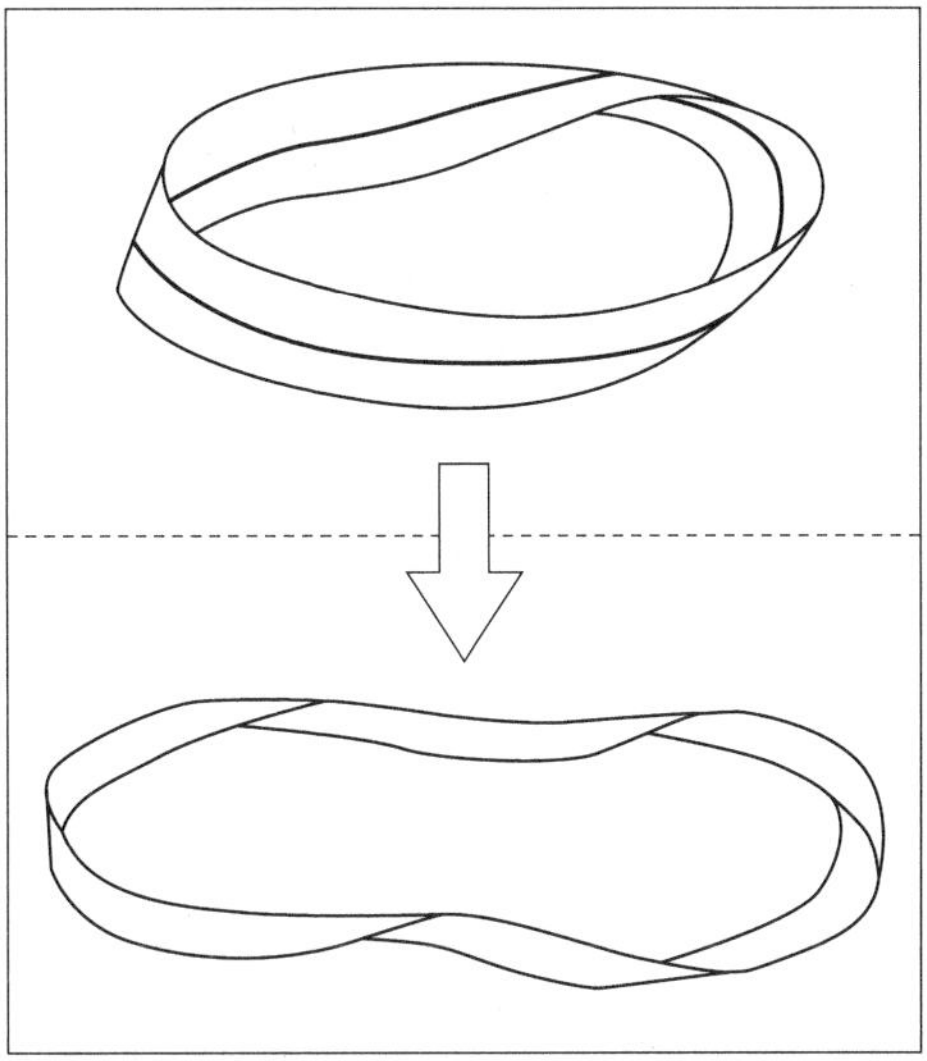

メビウスの帯を中央線で二つに切ると大きな輪（表と裏が分かれた）ができる

神《ゴッド》の二類型

このときスピリットの世界にいったい何がおこ

ったのか、事の真相を知るためにここでは少し視点を変えて、カタストロフィ的な変化ののちに出現してきた神《ゴッド》の性質を考えてみることから、はじめてみることにしましょう。

シュミット神父の大著『神《ゴッド》という観念の起源』があらわれて以来、世界中で人類が生み出した神《ゴッド》の観念の比較や分析の研究が進みました。なかでもシュミットの弟子にあたるコッパースの研究はとてもすっきりしているもので、しかもなかなか汎用性に富んでいます。シュミット＝コッパースの説から発展したさまざまな考え方に共通しているのは、人類の抱いた神《ゴッド》観念を大きく二つの類型《タイプ》に分けることができると、主張する点にあります。

一つは「高神 High God」型と呼ばれるものです。この神は「いと高き所」にいる神と考えられています。また階層構造をもった「天」の考え方と結びつくことも多いために、「天空神《ゴッド》」と呼ばれることもあります。この神について思考するときには、垂直軸が頭に浮かんできます。高神自身が高い天上界にあると考えられるときには、その神を人間が呼び求め祈りを捧げるときには、人間の心は「いと高き所」をめざし、そこから降りてきてくれることが求められます。すると、このタイプの神は、山の上や立派な樹木の梢《こずえ》に降下してくれると、考えられているのです。

もう一つのタイプは「来訪神」型とでも呼ぶことができるでしょう。「高神」型の神について思考するときには垂直軸のイメージが必要でしたが、「来訪神」型の神の場合には、海の彼方《かなた》や地下界にある死者の世界から生者の住む世界を訪れてくるために、水平軸のイメージが必要となります。このタイプの神は、降臨してくるのではなく、遠い旅をしてやってくるという形をとることが多く、出現の場所も洞窟や森の奥といったほの暗いところに設定されています。

二つの類型の神《ゴッド》の違いを、対照表にしてまとめてみましょう。

高神型	来訪神型
いと高き、天空	海上他界、地下冥界
垂直軸の思考	水平軸の思考
高所からの降下	遠方からの来訪
観念の単純さ、表象性なし	豊かな表象性
純粋な光	物質性

シュミット＝コッパース説では、人類が着想しえた神《ゴッド》はこの二つの類型のどちらかに帰属するという大胆な主張がおこなわれましたが、興味深いことに、今日まで知られているどんな神《ゴッド》観念も、この二つの類型のどちらかに属するか、もしくは二つの類型の混合として出来上がっていて、それ以外の第三の型というものは見出されません。おそらく、彼らの神《ゴッド》観念の類型説は正しいのだと思います。

スピリット世界の分化

それにしてもどうして神《ゴッド》にはこの二類型しかないのでしょう。その理由はこの二つのタイプの神《ゴッド》が、もともとはスピリット世界に内在していた二つの特質が、分化して表面にあらわれてきた結果である、というところにあります。

高神と来訪神を、スピリット世界の構成原理とていねいに比べてみることにしましょう。するとスピリット世界で「グレートスピリット」と呼ばれている存在のもつ特徴の多くが、そのまま高神の特徴となっていることがわかります。アメリカ先住民たちは、「いと高き所」にいます、高い倫理性と美を備えたグレートスピリットに向かって、お祈りしていました。そのグレートスピリットはきわめて純粋な観念で、どのようなイメージを結ぶこともできないし、どんな像にして表現することもできません。あらゆる存在を貫いて流れ、あらゆる存在にふさわしい居場所を与え、動物や植物や人間のような生物にも、樹木や岩のような非生物にも、等しく存在の息吹を吹き込んでいく、そういう純粋な観念でした。

オーストラリア・アボリジニの有名な「虹の蛇」の観念にも、この高神としての性質は濃厚にあらわれています。この蛇はふだんは天空ではなく、いつも水の溜《た》まっている池の底に住んでいます。この蛇はまれには「水平軸」にそって、遠い旅をすることもありますが、もっとも重要な動きは「垂直軸」にそっておこなわれます。禁忌を犯した者が近くにいたり、雨期の到来が近づいてくると、この蛇は池の底から巨大な姿を立ち現して、天空に高々と鎌首を持ち上げ、その全身からほとばしり出るエネルギーは虹となって天と地を結ぶのです。しかも、虹の蛇は人間たちが伝統的な規則を守って、倫理性の高い暮らしを保ちつづけることを要求しています。イメージ性は極限に近いほどに強烈です。しかし、虹のスペクトルはもう一歩前に出ると、まばゆい白光の中に溶け込んでいく、ぎりぎりの極限をあらわしています。それは純粋なエネルギー体というものについての、イメージによるぎりぎりの表現を示しています。このように虹の蛇の中にも、高神の特徴の多くがそのまま含まれていることは、まちがいないのです。

一方、普通のスピリットたちの生活状況は、来訪神と深いつながりを暗示させます。来訪神は死者の住む世界からやってきます。そこはまた未来に生まれてくる生命の貯蔵場所でもあります。空間的にとても「遠い所」と言われているところだけが違って、そのほかはすべてスピリットの住んでいる世界と同じです。スピリットは森の中や洞窟を住処《すみか》にすると言われますが、来訪神はその森や洞窟を「通路」として、遠くの他界から人間の世界に出現してきます。

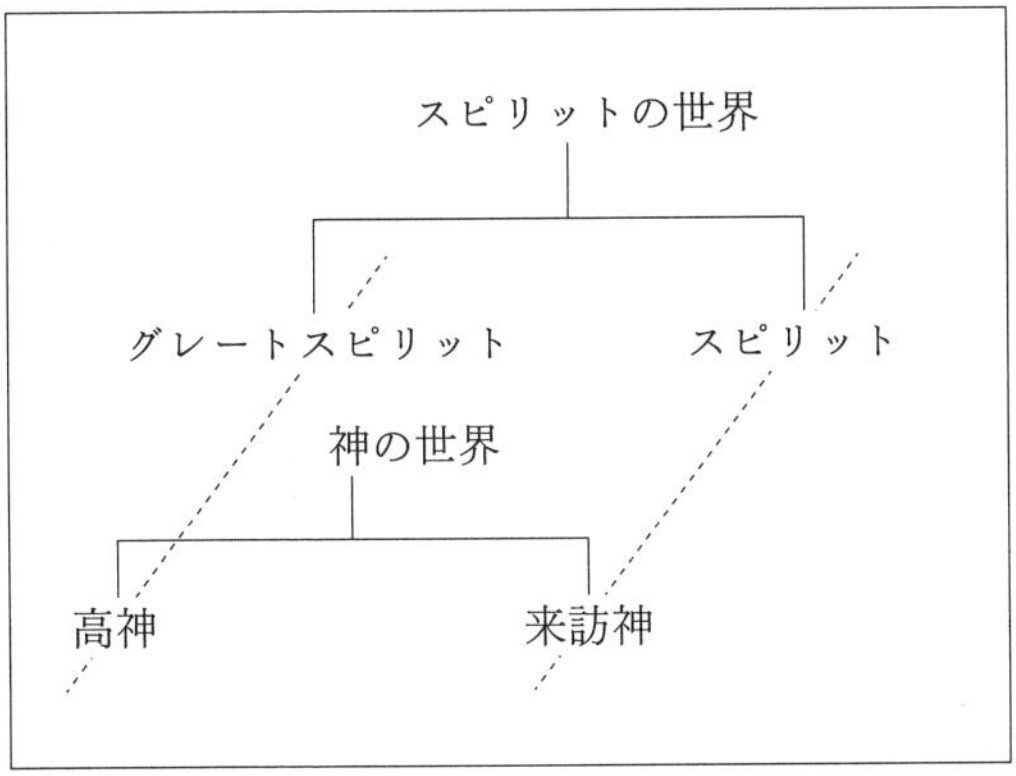

スピリットはイメージの物質性の豊かさできわだっています。そもそもの出現場所は人間の脳の中にあり、「内部視覚」の抽象的なパターン図形の運動とともに人間の思考に接触をおこない、さらに想像界のイメージとして造形されるときには、妖怪の姿で描かれます。来訪神の場合もそれとまったく同じです。シュールレアリズムも真っ青な、奔放自由なイメージに造形された仮面が、この神を表現します。

こうして、スピリット世界と神《ゴッド》の世界との間には、つぎのようなつながりが考えられることになります。

対称性の自発的破れ

次ページの表は、スピリットの世界に、物理学が言う「対称性の自発的破れ」の現象がおこって、そこから神《ゴッド》の世界が出現したことを語っています。スピリットの世界には高次の対称性が実現されていました。「対称性が高い」と言うのは、エネルギーの流動体であるスピリット世界の内部で、スピリットもグレートスピリットも自由な方向に運動することができ、自在なメタモルフォーシス（変容、変態）がおこっていくために、固定することができないという状態を示しています。じっさい、多種多様なスピリットたちは、変容を得意とするために、その世界では位置や性質がどんどん入れ替わっていく現象がおこっています。

そういうスピリットの世界に、何かの「圧力」が加わるとき、高次の対称性の状態を維持することができなくなったとき、非対称性を特徴とする高神と、低次の対称性を保ち続けている来訪神の観念とに分岐がおこります。たしかに、高神は非対称性を特徴としています。それは人間の居場所からは「いと高き所」に分離され、変化をおこしにくい純粋な光としてそこにとどまり続けて、人間の世界の秩序を維持しようとしているからです。

これに対して、仮面の神として出現してくることの多い来訪神には、スピリット世界そのままではないけれども、いくぶんかの対称性がまだ保存されています。すでに生者と死者の世界は、遠くに分離されていますが、この神をとおして、生者は死者の世界との直接的なコンタクトをとろうとします（これについての詳しい説明は、つぎの章までお待ち下さい）。生者の世界に「超越」した他界の観念が浮上してきて、二つの領域の間に、来訪神を媒介にした通路がつくられるのです。

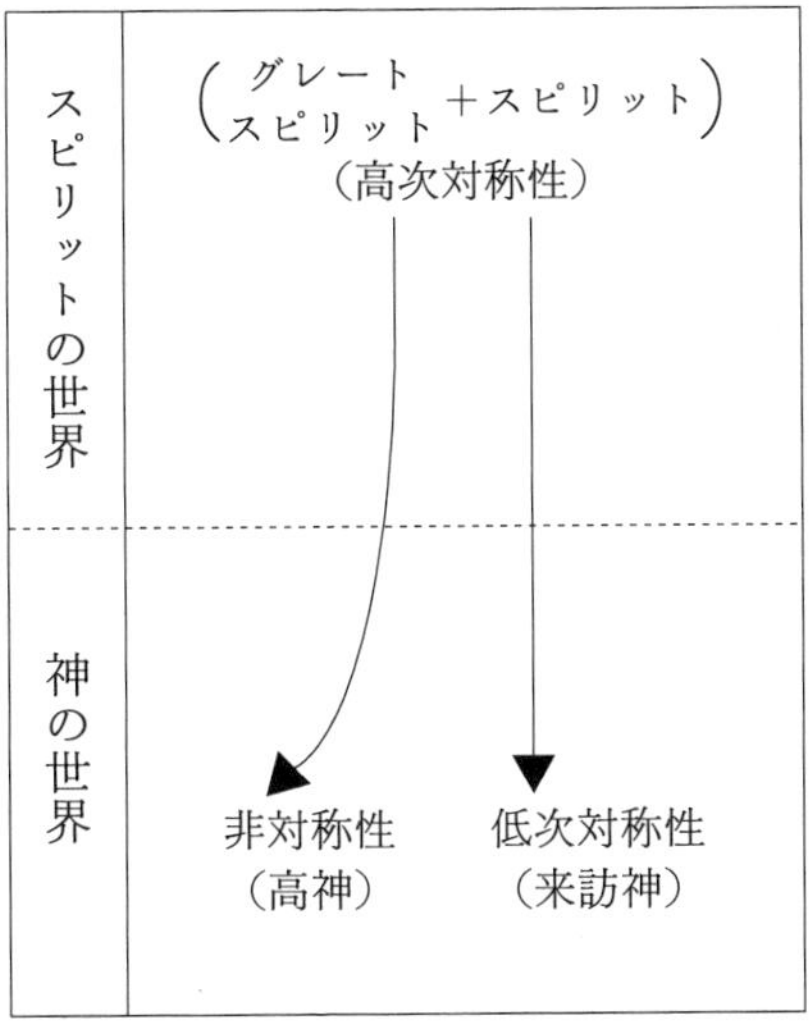

対称性の破れが世界を創る

スピリット世界の高次な対称性が内部から崩れて、それが低次な対称性をもった神《ゴッド》の世界へと変貌をおこし、それといっしょに対称性の保たれている世界の外に、非対称性を特徴とする別の神《ゴッド》（高神）が飛び出してくる、こういう過程がおこったと理解すれば、どうしてスピリット世界の解体をとおして、二つの類型しか持たない神《ゴッド》の世界が出現してくるのかが、はじめてはっきりと理解できるようになります。

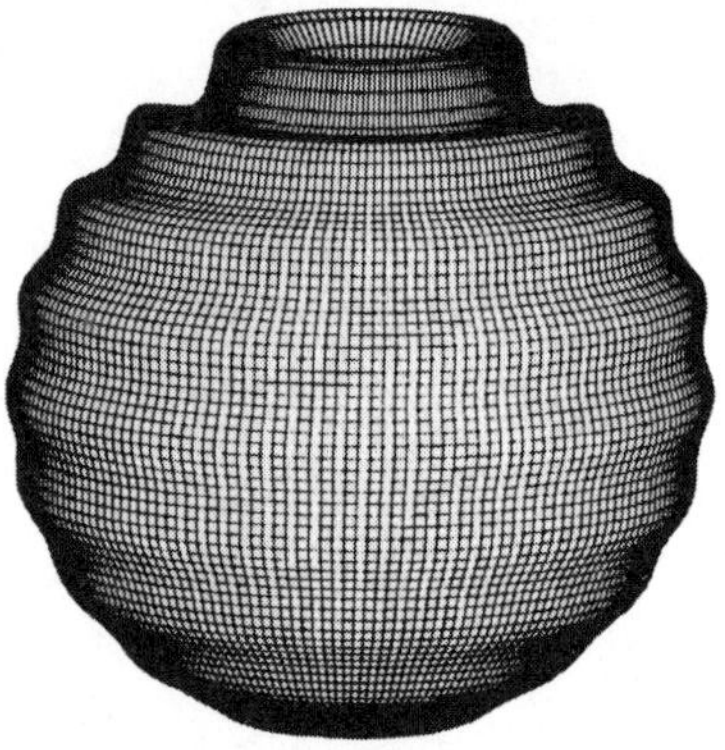

球体の対称性の自発的破れ（I.スチュアート、M.ゴルビツキー『対称性の破れが世界を創る』須田・三村訳、白揚社）

変貌後の心の世界には、高神＋来訪神＝神《ゴッド》としてつくられる神々のパンテオンと、得体の知れないたくさんのスピリットたちが残されることになります。対称性の破れによって低次の対称性の中に移ることができなかったスピリットたちは、本来の素姓を知る人もいないままに、得体の知れない妖怪や化け物の扱いを受けながら、新しい神《ゴッド》の秩序のうちに、生き残ることになるのです。

　物質の世界で、まったく同じ現象がおきることを、物理学は最近になって詳しく知るようになりました。高次の対称性が低次の対称性に崩れ落ちていくときにおこる現象は、素粒子のレベルからはじまって宇宙の構造にいたるまで、さまざまなレベルで研究が進んでいます。

　ここでは簡単な例をとりあげて、「対称性の自発的破れ」を説明してみることにしましょう。完全な球体の物質をとりあげてみます。球体というのは、回転しても鏡に映してみても、まったく区別がつきません。ですから、球体には完全な対称性が実現されている、と見ることができます。この球体の中心軸にそって、上と下から強い圧力を加えてみましょう。はじめのうちはなんの変化もおきません。それでもかまわずにぐんぐん圧力を増していきます。すると、ある時点で急激な、カタストロフィ的変化がおこります。

球体が座屈をおこすのです。全体がぐずぐずっと崩れだして、すぐに変化がおさまります。崩れた部分は、一定の方向に分子の並んだ帯に変化して、それがぐるっとまわりを取り囲むようになります。

こうして球体のもっていた完全対称性は壊れて見えなくなってしまいます。そしてそのかわりに、ずっと限られた低次の対称性しかもたない、新しいパターンが出現するのです。「対称性の自発的破れ」の機構は、物質のさまざまなレベルで発生しています。とくに素粒子のレベルでおきるそれは特

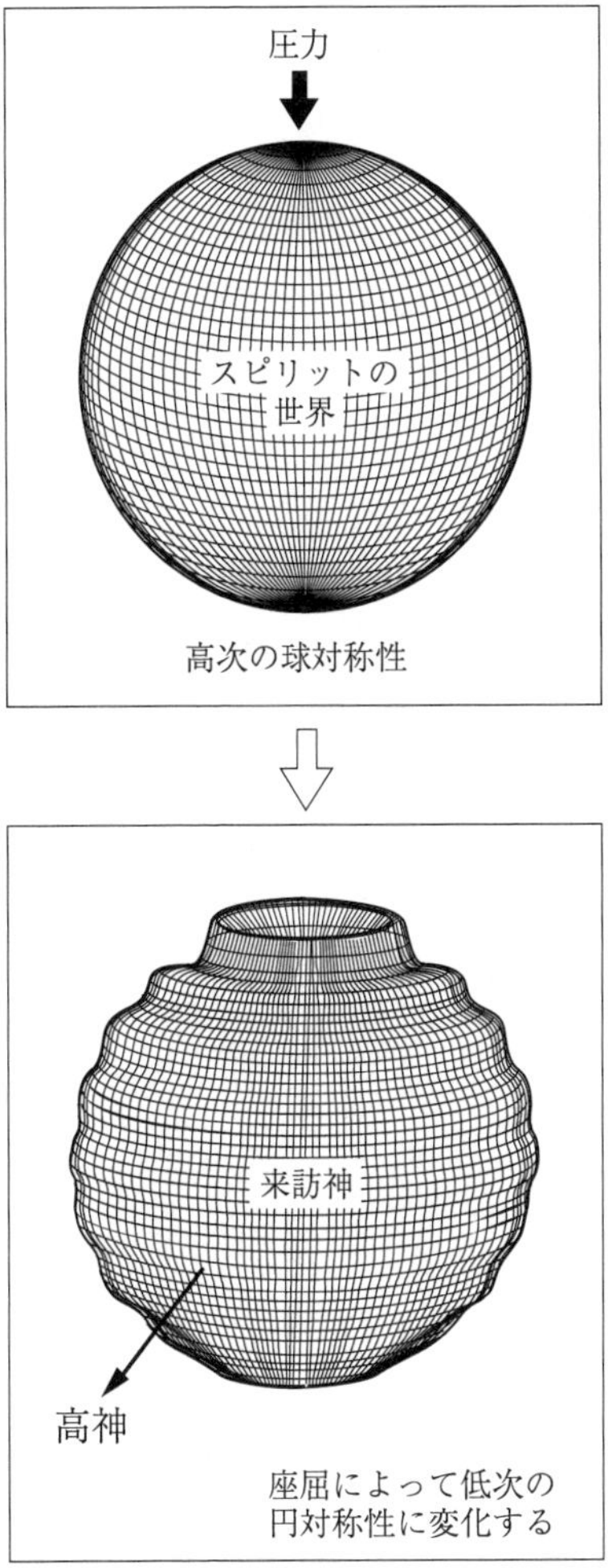

対称性の破れによる変化
スピリット世界から多神教宇宙への変化モデル

別に「ヒッグス機構」と呼ばれてよく研究されていますが、興味深いことに、そこでは対称性の破れがおこるのと同時に、質量が発生するという現象が観察されています。

心的エネルギーの領域でおこる「対称性の自発的破れ」でも、それとよく似た現象がおこっていることに、お気づきですか。スピリット世界をつくっていた高次の対称性が崩壊して、スピリットの一部が来訪神型の低次の対称性しか持たない神《ゴッド》に変化をおこすのとまったく同時に、スピリット世界の内部から非対称性をもった高神型の神《ゴッド》が、勢いよく外に飛び出すのです。

神《ゴッド》と王

球体をつぶすには、外からの強い圧力が必要です。ではこのときスピリット世界には、いったいどんな「圧力」が外から加えられたのでしょうか。これはとても大きな問題で、ここでは簡単に答えることはできません。しかし、『熊から王へ　カイエ・ソバージュII』をお読みになった方は、スピリット世界におこったこととときわめてよく似た仕組みによって、王と国家が発生していることに、気づいたかもしれません。

国家のない社会では、いっさいの「権力Power」の源泉は自然の側にあると思考されていました。文化は人間の心の内部でつくられるものです。そこで人間らしい行為やものの考えの基準が整えられています。しかしここにはどこを探しても、権力の源泉というものは存在しません。それは畏《おそ》るべき力を秘めたスピリットたちのいる領域、つまり心の外である自然の奥に隠されている、と考えられていたのでした。その源泉に接近できるのは、シャーマンや戦士のような特別な能力と技量を持った人たちだけでした。こういう人たちは危険な力に触れているとして、たいていは社会の中心部から遠ざけられていました。

文化（規則の体系）		**自然**（権力の源泉）
首長	シャーマン 戦士	スピリット世界 （グレートスピリット＋スピリット）

↓

王 （首長＋シャーマン＋戦士）	モノとしての自然
神《ゴッド》 （権力の源泉）	小スピリット群

シャーマンや戦士の能力をもった人物が、社会の中心部に進出して、自分は権力の源泉に触れている「主権者＝王」であるという主張をはじめたとき、人類の社会には根本的な変化がおこったのです。そのとたんに、自然はもはや権力の秘密の源泉であることをやめなければならなくなります。権力の源泉は主権者である王とともに、社会の内部に持ち込まれ、スピリットたちの王国であった自然は、それ以後しだいに開発や搾取のためのただの「対象Object」の位置に降りていくことになります。

このときにおこった心（精神）トポロジーのカタストロフィ的変化は、スピリット世界におこった「対称性の自発的破れ」による神《ゴッド》の出現の過程と、同じ型の変化をあらわしています。

王の発生と神《ゴッド》の出現は、どうやら深く関連しあっているようです。二つの過程は、心のトポロジーにおこる同型の変化によって引き起こされたもののようです。自然と人間との間に対称性を保ち続けようとした社会の中から、王と国家が発生するのといっしょに、スピリット世界の内部からは神《ゴッド》が出現するのです。

すべては自然史として

なにもかもが、まるで自然史の過程のようにしておこっていることに、驚きを感じませんか。神《ゴッド》の観念の出現などという、物質過程からもっとも遠いと思われるような出来事を理解するのに、自然がいまある秩序にたどりつくうえで決定的な働きをしたと考えられている「対称性の自発的破れ」の機構が、これほどに有効な働きをするのは、何故でしょうか。

それはスピリット世界の成り立ちを考えながら、私たちがすでに見てきたように、「超越」の領域に関わるものごとが、心の過程と物質の過程との境界でおこっていることに、深い原因があるように思われます。この領域で発生した「力 Power, Force」が、心の内部システムに組み込まれてくるときに、「超越」をめぐる宗教的思考が動き出します。またそこは、王と国家の成立以後は、政治的思考の舞台ともなっています。ということは、「力または権力」の関わる問題には、マテリアルな過程が決定的な重要性を持つことになる、ということをも意味します。

その意味で、国家や経済システムの展開ばかりではなく、宗教のような観念のシステムについても、これを「自然史の過程として」研究することの重要性を力説したマルクスとエンゲルスの思想は、この領域でいまだに有効性を失ってはいない、と言えるかもしれません。スピリットや魂《たましい》に関わる問題について、「マテリアリズム（唯物論）」の視点を失うべきではないのです。量子論のような物質科学が物質の領域で発見してきたことと、神《ゴッド》の問題のような心の領域の問題とは、現生人類の脳にたえまなく「スピリット的なるもの」の発生している場所で、必ずやひとつにつながりあっているはずです。それを探究する科学こそ、今世紀に私たちが早急につくりださなくてはならないもののひとつとなるでしょう。

第五章

神々の基本構造（1）——メビウス縫合型

多神教宇宙の形成

高次元の対称性を備えていた精霊《スピリット》の世界が、内外からの圧力によって「つぶれる＝座屈する」と、スピリットはもはやそのままの姿では、人間たちの前に現れなくなってしまいます。

それではスピリットはどこかへ消えてしまったのかというと、そうではありません。スピリットはより低次の対称性に姿を変えて生き残り、新しく形成された神々の世界の重要な一員となります。それが来訪神とか水平神とか半神 demi-god とか呼ばれる魅惑的な神々で、この神々のもつ性質の中には、もともとの出自であるスピリットの特性が多く残されています。そしてあとで詳しく見ていきますが、このタイプの神々のもつ性質のうちには、対称性の原理がさまざまな形で生きています。

さらにスピリット世界にはじめから内在していた非対称性に向かおうとする傾向、これは新石器時代的な要素を残した社会でグレートスピリットとして、人々の心に生き続けてきましたが、それは対称性の引力を振り切って、高神としてスピリット世界の外へと、一気に飛び出したのでした。

スピリット世界は「内外から圧力でつぶれた」と言いましたが、その圧力が内部に由来するものなのか、外部の「世俗的」な圧力によるものなのかは、にわかには決しがたい大問題です。神《ゴッド》の観念の発達を進化論的に考えたいという人たちは、高神の要素が内部からスピリット世界を食い破って外に飛び出し、ついには多神教宇宙さえ否定して、唯一神《ゴッド》としての自立を果たした、と考えるでしょう。

それに対して社会的要因を重視したい人たちは、王や国家や階級社会の発生という外的要因からの圧力を強調しようとするでしょう。

私の考えでは、どちらの考えも部分的に正しいのだと思います。ホモサピエンス・サピエンスの脳が言語や「超越性」の直感を生み出すことができる、こういう構造をしているからこそ、そこからはスピリット世界とその中のグレートスピリット的要素とを生み出すことになったのですし、また同じ構造には国家を発生させる運動が生まれる可能性も宿されています。

国家をつくりだしてしまおうとする、脳に潜在するその可能性は、対称性社会の絶妙なバランス戦略によって、現実化しないように慎重に抑えられていました。スピリット世界のバランスは、そういう王も国家もない対称性社会の中でなければ保たれないもので、いったんバランスが壊れ始めると、もう止めようがなくなってしまいます。そう考えてみれば、グレートスピリットから高神《ゴッド》への飛躍を促《うなが》したものと、対称性社会を「つぶして」国家というものがかたちづくられるときに脳の中に働きだすものとは、同じ原理と考えることができるでしょう。ですから、圧力は「内外から加わった」というあいまいな答弁が、いちばん当たっているのだと思います。

基本構造が存在するはずだ

こうしてスピリット世界が「つぶれて」、脳の同じ場所に多神教の宇宙がつくられます。この宇宙は、つぎのような三つの要素でできあがっています。

ここで「残余のスピリット」と呼ばれているのは、来訪神のイメージを中心にかたちづくられる低次の対称性の中にも入り込めなかった（入り込まなかった）スピリットたちをあらわしていますが、神々の表象がしだいにはっきりした形をもつようになってきますと、得体の知れない「妖怪」としての扱いをうけるようになります。とても個性的な存在ですので、このタイプのスピリットとしてたくさんの種類が報告されています。

また長い時間をかけてゆっくりと発達したスピリット世界の中で、最初の原型がつくられたさまざまな儀礼や修行法なども、ほとんど基本構造を変えないで、生き残るケースが多いようです。とくに「イニシエーション」の儀礼として発達したものの骨格は、そのまま多神教宇宙の中での宗教的な修行の体系として、受け継がれていきます。

さて、ここで重要な点は、のちの唯一神発生の母体となったこの高神が、多神教宇宙を支配しないというところにあります。高神があらわす非対称性の原理は、来訪神の示す対称性の原理とあいならぶものとして、多神教宇宙の中に共存しあっています。神々のつくるパンテオンで、高神が中心の位置におかれているように見える場合でも、まわりをとりかこむ対称性の要素をあらわす神々と一体になることによって、はじめてこの神々の宇宙は動き出せるようになっています。この点が、一神教のケースといちばん違っているところでしょう。

多神教宇宙＝　高神　＋　来訪神　＋　残余のスピリット

高次対称性（スピリット）$\xrightarrow{\text{（分解）}}$ 非対称性＋低次対称性＋　α

いずれにしても、スピリット世界の中から神々の宇宙がつくられてくる過程は、まるで数学のような正確さで、驚くほど首尾が一貫しています。

ここから、たいへんに驚くべき結論を引き出すことができます。つまり、親族体系の場合と同じように、多神教の神々の宇宙にも、基本構造というものが考えられるのではないか、ということです。レヴィ＝ストロースは『親族の基本構造』において、「論理的に考えて」原初的な親族の体系は、「一般交換体系 Generalized Exchange」と「限定交換体系 Restricted Exchange」の二つの原理でできており、文明社会などでじっさいに観察される頻度の高いもっと複雑な体系は、この二つの原理の組み合わせや変形としてつくられていることを、示してみせました。

それとよく似たことが、神々の宇宙にも言えそうです。つまり、神々の宇宙がスピリット世界をもとにして生まれたとするならば、ということは現生人類の脳を舞台にして「〈私たちの言う意味で）唯物論的に」形成されたことを認めるならば、「論理的に考えて」、そこには二つのタイプの基本構造があるはずだ、と私は主張しているわけです。二つの基本構造とは、何度も話題に出ている「高神＝垂直神型」と「来訪神＝水平神型」のことですが、私はあとでシュミット神父以来のこの概念をもっと深めて、「トーラス型」と「メビウス縫合型」の二つの基本構造に、煮詰めていこうと考えています。

南島へ

このような多神教的な神々の宇宙の基本構造を、日本の南西諸島（奄美や沖縄にある島々のこと）ほどくっきり鮮やかに示している地帯も少ないのではないでしょうか。そこでは、高神もいれば来訪神も出現するし、樹木に住む小さなスピリットたちもいればといった具合で、スピリット世界が「対称性の自発的破れ」をおこしてそこから多神教宇宙があらわれでてきたのが、まるでつい昨日のことであったかのような、ういういしい様子で、いまでも私たちを迎えてくれるのです。

日本列島の本土のほうでは、多神教の宇宙は奄美や沖縄におけるようなストレートな形態をしていません。高神の要素のほうははっきりとあらわれているのに、来訪神のほうが明瞭な形ではあらわれてこないからです（この問題はあとでもう一度詳しくとりあげるつもりです）。柳田國男《やなぎたくにお》と折口信夫《おりくちしのぶ》の二人が、一九二〇年代に相次いで奄美諸島や沖縄本島・先島《さきしま》諸島に渡り、そこで出会った来訪神の姿に

御嶽の森
（千歳栄著、イシイヨシハル写真『詩（うた）まんだら』黙出版）

深い衝撃を受けて、それ以来日本の宗教史についてまったく新しい考え方を抱くようになったのは、そのあたりに原因があるのではないかと、私などは考えています。

じっさい南島の神々は、そこの太陽の輝きのようにあざやかな形で、私たちの前に出現してくるのです。そこには「常在神」と「来訪神」という二つのまったく違うタイプの神がいて、たがいに相手をおぎないあいながら、豊かな多神教の宇宙をかたちづくっています。私たちは南島の神々の世界を、このようなウィーン学派的な視点から詳しく研究したヨーゼフ・クライナーと住谷一彦両氏の『南西諸島の神観念』（未来社、一九七七年）という本を参考にしながら、多神教の豊かな宇宙に入り込んでいってみることにしましょう。

御嶽の神

沖縄に行きますと、どこの村にも「御嶽《ウタキ》」という森があります。とても静かな森です。熱帯性の植物が両側に生い茂る薄暗い小道をたどって、森の奥につきますと、そこにはこぢんまりとした明るい空間が開けます。明るい子宮とでも言いましょうか、なにか柔らかい霊的な膜によって、現実の世界から隔《へだ》てられた空間の内部に、包み込まれているような印象です。

日本本土の神社と違って、そこにはなんの建物もありません。珊瑚《さんご》の石を敷き詰めて、ただ簡単な香炉などが置いてあるだけです。ここで女性の祭祀者であるノロたちが、「御嶽の神」との交信を図ります。同じようなタイプの神は、南島の島々のいたるところにいます。違う名前で呼ばれていても、それがどういう神なのかということに関しては、驚くほどの共通性を見せています。

そうした「御嶽の神」は、島の人々によってつぎのように考えられている神なのです。

（1）「御嶽の神」は、一年中いつもそこに常在している神である。

（2）そのおかげで、村の生活を滞《とどこお》りなく続けていることができる。もしこの神が一瞬でもいなくなれば、人間の社会生活は一時たりとも続けることができない。「御嶽の神」はこの世の秩序を保ってくれているのである。このタイプの神のいない世界は存在しないのであるから、どこかからやってくるという「来訪型」の思考は生まれようがない。

（3）「御嶽の神」ははっきりしたことは言われたことはないが、とにかく「いと高い所」にいます「垂直型」の神である。

（4）その神は像で描かれることがない。完全な無像性を特徴としている。ノロたちに「あなたがお祀りしているその神様はどんなお姿をしているのですか」などと質問しても、笑って答えてくれないケースがほとんどで、答えてくれたとしても「まぶしい、光みたいな」といったまるでイメージ性に乏《とぼ》しい抽象的な答えしか返ってこない。これはノロたちが神秘めかしているせいではなく、もともと表現可能なイメージ性がこの神にはないのである。感覚的には、恐ろしく簡素・簡潔で、この点では本土の神道の神とも、深い共通性をもっている。

恍惚の非対称性

あきらかに、「御嶽の神」は「高神」タイプの神だということがわかります。この神をめぐっては、いろいろな場面で「非対称性」の表現がめだちます。まず「あの世」と「この世」の対称性が失われていいます。この神が問題にしているのは、あくまでも「この世」の秩序のことであり、「世は一つ、この村だけであり、これと異なる他界のことはぜんぜん考える必要がない」からなのですが、そのおかげで、スピリット世界にあったような「あの世」と「この世」がメビウスの帯のようにつながっている対称性は完全に失われて、「御嶽の神」と「この世」だけですべては順調に動けるのです。

それればかりか、「御嶽の神」をお祀りするのは、まったく女性たちだけだというのも、この神の非対称性を強調しています。男性はまったくこの神の祭祀に関与できない、というのが決まりなのです。女性と神とが、こういう排他的な関係を結ぶわけですから、とうぜんそこには性的な幻想も発生しやすくなっています。たとえば、喜界島にはこんな伝説があります。

機織りばかりしていて、外へ出たことのない女が突然妊娠したと評判になる。生まれた子供は男の子で外へ遊びに行くと父無し子と友だちから笑われる。男の子が七歳のとき、機織りしている母親に父をたずね、お前の父は天の神様だと教えられる。門口にミキをつくっておき、煙をたき、その男の子は、天の神様、自分を助けようと思われるなら鉄綱を、助けたくなかったら藁綱を下してくださいと願う。鉄の綱が音をたてて下ってくる。その鉄の綱を伝って天にのぼる。天の番兵の神様が首領の神様に人間の子供がのぼってきたと報告する。ここは人間の子供がのぼってくる場所ではない、三十三尋の川に押しこめということで、川に押しこもうとするが、あの岸、この岸にとび移って押しこめない。次に暴れ馬にかませたり、けらしたりしたが、その子供のそばに行くと暴れ馬がおとなしくなる。黒煙をたててまきこもうとしたが、この子供の通るところは、霧の晴れるように明るくなる。天の神様は、爪を合わせて自分の子として認める。子供は天にいたいと言うが、天の神様は、お前は人間を助けるために人間の世界に帰り、ウリズム

（若夏）の作物の供物を人々からいただいて生きていくのだと言う。このためにお双紙を勉強させ、人間の世界に子供は下る。下ってくる途中お双紙を落す。牛がのみこみ、子供のおはらいで牛がはき出す。このため牛の胃をソウシワタ（第一胃のこと）という（山下欣一『奄美説話の研究』法政大学出版局、一九七九）。

しかしこの場合でも、その幻想はキリスト教の神と修道女の間に生まれる霊的な性関係ともよく似ていて、神の霊性の一方的な降下という側面が強いようです。このように考えてみると、南西諸島の「御嶽の神」をめぐる神の思考は、とても高度な考え方にもとづいているということがわかります。

来訪神の発見

柳田國男も折口信夫も、女性たちのおこなう御嶽の信仰を見て、そこにとても純粋な形で表現された神道の原型のようなものを見出し、深く感動しています。ところがそれ以上に彼らを驚かせたのは、「御嶽の神」とはまったく違う性質をもった、多種多様な「来訪神」たちの姿だったのです。

いつもは聖所にいないのに、一年のうち特別な日を選んで、遠い所から人間の世界を訪問してくる神たちがいます。この神たちは「御嶽の神」とははっきりと区別されています。「御嶽の神」はイメージで表現することができません。ところがこの「訪れ神」たちはシュールレアリストが好みそうな奇怪なイメージで表現された仮面を着け、全身をクバやシュロなどの植物の葉でおおって現れてくるのです。おまけに突風のように走り抜けたり、神秘的に身体を小刻みに震わせたり、音楽性まで豊かです。

いくつかの例をご紹介しておきましょう。屋久島と奄美大島の間にある吐噶喇《とから》列島の悪石島《あくせきじま》の盆祭りには、「ボシェ」という不思議な仮面の神が登場します。手にしているのはマラ棒と呼ばれる棒で、激しい身振りで踊りながら、この棒で女性を叩こうとします。女性たちはキャーキャー言って逃げるそぶりを見せますが、この棒で叩かれるのを喜んでいる風情もあります。この棒には生命を増殖させる力がひそんでいるというので、恐ろしいのと嬉しいのとがいっしょになった、奇妙な反応をしめすわけです。

つぎは八重山諸島の「アカマタ・クロマタ」という仮面神です。男性だけで構成された「アカマタ・クロマタ集団」の厳重な管理下に、この神は村のはずれの不気味なナビンドゥという洞窟から出現すると言われていますが、じっさいには森の奥から不気味な音響とともに、身体を震わせながら、人人の前にあらわれます。この神をとりまく神秘性は格別です。いまでも場所によっては、写真撮影も厳重に禁止しています。

さて、この神が手にしているのも「ボシェ」のマラ棒と同じ男根形の棒です。こちらは、この棒に

①

③

②

３種の来訪神
①アカマタ・クロマタ（クライナー／住谷『南西諸島の神観念』未来社）
②ボシェ（同上）
③パーントゥ（比嘉康雄『来訪する鬼―神々の古層４』ニライ社）

触れられると一年以内に死ぬと言われています。ほかの地域の例を見ても、どうも仮面の「来訪神」の手にする男根形の棒には、死と増殖との思念が共存しているようで、それはそのままこれらの神の本質を表現するものとなっています。

三番目は、宮古島の「パーントゥ」です。クバの葉で全身をおおい、不気味な仮面を着けているところは、ほかの場所の「来訪神」と同じですが、この神は登場する前に、村の人が一年かけてつくった臭いヘドロの池にわざわざ全身をつけて、葉っぱにたっぷりとヘドロをまぶしてから、人々の前に現れるところがユニークです。ヘドロまみれのまま、家に上がり込んで、踊りまで踊っていくのですよ。とくに新婚さんの家などは大変で、なにを思ったかこの神様は、畳の上をゴロゴロところがってみせるのです。ヘドロ怪物パーントゥ。まるでウルトラマンのような世界ですけれども、そこには「来訪神」の本質の一つが見事に表現されていると言っていいでしょう。

来訪神の特徴

こうした「来訪神」について、クライナーと住谷はまたつぎのようにも書いています。

これらの仮面行事における他界観の特徴は、あの世とこの世のはっきりした区別、存在である。神の訪問、すなわち神が仮面、仮装の形でもって人々の前に現れるには、この世とあの世はまったく別のものでなくてはならないわけで、神だけが時を決めて、この世にやってくるのである。これが折口先生の言われるマレビトとなる（クライナー／住谷『南西諸島の神観念』）。

「この世」のことしか想起させない「御嶽の神」と、この点でも鋭いコントラストを生み出しています。「御嶽の神」と対照させる意味で、「来訪神」の特徴を列挙してみましょう。

（1）いつもはいない。一年のうちの特別な日だけに出現する。出現日は死者の霊が群れをなして生者の世界を訪れると言われる日と、重なっていることが多い。

（2）この神は秩序をつくる神ではなく、物事の循環や反復の環を断ち切って、増殖性や豊穣性といった、秩序や規則などからは発生することのできないものを生み出す力を注ぎ込む。キリスト教神学との類推で言えば、このタイプの神は、恩寵《おんちょう》や奇跡と同じ構造を示す。

（3）遠い海の彼方のニライ・カナイ（ニーラ・スクと言う所もある）や、死者の霊の住む地下の冥界から訪れてくる神である。しかし、そのことはただイメージされるだけで、じっさいには洞窟や森の奥の細い道を通って、人間の世界に現われてくる。「くびれ」をくぐり抜けて出現してくるというイメージが強い。

（4）イメージの豊かさは「御嶽の神」の無像性の対極である。奇怪なイメージが好まれるところを見ると、「来訪神」は人間の想像界を住処《すみか》にしているように見える。また「パーントゥ」の例でもわかるように、汚れや死のイメージにつながる要素を身につけたがる傾向がある。こういうことは、本土の神社の神同様に、「御嶽の神」がもっとも嫌うところである。

（5）この神が出現することによって、「あの世」と「この世」の間に、ひとつながりの通路ができあがる。そのために、まず「この世」とは違うなりたちをした「あの世」の存在が強烈に意識され、二つの世界がくっきりと分離される。そして、「来訪神」の出現が、分離されたものをもう一度つないで、失われた対称性を取り戻す働きをする。

こんな具合に、「来訪神」と「御嶽の神」はことあるごとに、対照的な態度を見せますが、相手があってこその自分という感じで、二つの神のタイプの関係は、どうも単純な対立ではないようです。二つのタイプの神は、おたがいにどういう関係にあるのでしょうか。それを探るために、まず「来訪神」のほうに焦点を合わせて、この神の特質をモデル化する試みをおこなってみることにしましょう。

メビウスの帯を縫合する

「来訪神」を「メビウス縫合型」の神として、とらえることができます。もう少し正確に言うと、こ

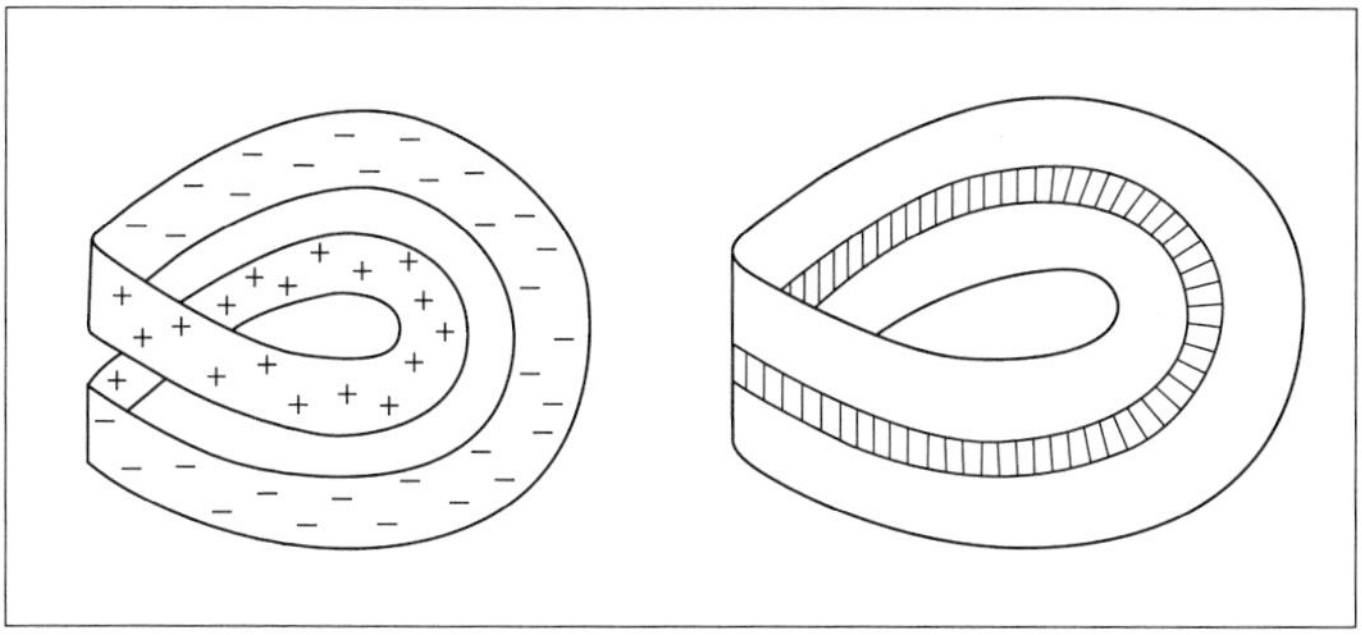

メビウスの帯の切断（メビウスの帯に切れ目を入れることによってメビウスの帯は消失する。消失した帯は、「正中」の空隙として「不在」する）
〔小笠原晋也『ジャック・ラカンの書』金剛出版による〕

の神は「切り込みを入れられたメビウスの帯を、もう一度縫い合わせる」機能をもっている、と考えることができるのです。

私たちはすでに、高次元のスピリット世界が「メビウスの帯」のモデルでとらえることができる様子を、詳しく見てきました。そこでは、「あの世」と「この世」がいつも同じ場所でひとつながりになっているのでした。そのスピリット世界が圧力によって「つぶれ」、高次元の対称性が自発的に破れたところから、「来訪神」というものが、壊れた対称性を一部分保存する存在として、多神教宇宙を構成する一つの重要な軸として、生まれてきたのでした。

つまり、「メビウスの帯」はいったん中心線にそって、切り離され、それまで一つの表面上にいた「あの世」と「この世」は、もう簡単に行き来できない裏と表に分離されてしまったと表現することができるでしょう。そのままでは、「あの世」は「あの世」、「この世」は「この世」に分離され、思考からはいっさいの対称性が失われてしまうことになるでしょう。そこで、いったん中心線にそって切り離された輪を、その切断線にそってもう一度縫い合わせるという行為によって、失われた対称性の一部を取り戻そうとする精神（心）の運動がおこるとき、そこに「来訪神」のような神が生まれてくることになります。

前ページの図をご覧下さい。

「メビウスの帯」に切れ目を入れると、その輪がもっている特徴は失われて、「メビウスの帯」自体は消失することになります。しかし、人々の意識は切れ目のところにあらわれた隙間に注がれることになります。この隙間を埋めるイメージを発見できれば、消失してしまった「メビウスの帯」が回復できるのです。そうすれば、スピリット世界ではごく自然に誰にでも見えていた世界の全体性を取り戻していくことも可能でしょう。ではどんなイメージであれば、その隙間を充塡《じゅうてん》することができるでしょうか。多神教の思考は、ここで現代の精神分析学を先取りする、じつに重大な発見をおこなってきたのでした。

隙間を埋めるもの

「メビウスの帯」の切れ目を縫い合わせて、隙間を充塡できる存在とは、「あの世」と「この世」との間に発生した距離を、遠い旅をしてつなぐことができるものであり、生活のいろいろな場面に生まれる「内部」と「外部」のちょうど中間を占めるものであり、「この世」を流れている時間の流れを逆行させて、人々の意識を「はじまりの時間」に連れ戻すことのできる強力な幻想力をそなえたものでなければなりません。精神分析学ではこういうものを中間的対象と呼んでいます。

どうでしょう。そうして見ると、「来訪神」に与えられた特質のすべてが、みごとにこの中間的対象の条件をそなえていることがわかります。それは死と生命を一つにつなぎ、身体の「内部」と「外部」を一つにつなごうとします。そういう力を持った物質としては、母乳、涙、血、精液、唾液、排泄物などをあげることができるでしょう。人間の住んでいる領域と外の世界との境界に生えているのは植物ですから、それを身にまとうことで中間的対象としての性質を帯びることになります。またそういう対象は、身体の輪郭がはっきりしているものよりは、グロテスクの美に近親性を持つことになるでしょう。

救済者の原像

「来訪神」という存在が、低次の対称性を持つと言われることの、深い意味はそういうことなのです。それは切れ目の入れられた「メビウスの帯」を縫い合わせて、失われた対称性の一部分を回復しようと試みて、「あの世」と「この世」を一つにつなぎ、裏と表、内部と外部の区別のできた世界をトポロジーの奇術で裏返しにし、前方にだけ進んでいく時間の矢を止めて、あたりをドリームタイムの薄明に変えてしまうとするのです。

あきらかに「来訪神」の中には、フロイト理論の実践的な先駆けを見出すことができます。そして、宗教に備わった強烈な幻想力の源泉は、まさにこの「メビウス縫合型」をした思考法のうちから、わきあがってきます。現実の世界をつくる原理に逆らってまでも、失われた対称性を取り戻そうとするこの神のうちに、私たちは「救済者」や「革命家」の原像を見出すことさえもできるでしょう。人間の心の構造が、それを幻想的に求め、現実の中に生み落とすのです。

第六章

神々の基本構造（2）——トーラス型

南島のコミュニケーション理論

人類学のフィールドワークの楽しみは、調査に出かけた村のおじいさんやおばあさんの口から、とんでもなく深遠な内容のことばが、何気なくさらっと語り出される現場に立ち会うことができたりするときに、頂点に達します。そんなとき、大学なんかでやられている学問の浅薄《せんぱく》さに、顔を赤らめる思いもします。奄美大島の加計呂麻《かけろま》島の村で、「スドゥガミ」という神女がつぎのように語り出すことばを聞いた人類学者も、おそらくそんな感動を味わったことでしょう。

そこの村の聖所は「イベ」と呼ばれ、村の真ん中の「ミャー（宮）」にある小高い所に祀られています。樹木が植えてあったり、石が置いてあるだけの、ごく簡素な聖所です。そこには「シマ守りの神」がいると考えられているのですが、この神は「高神」としての特徴をそなえていて、一年中そこに滞在していると言われています。この神の性質についてたずねられた神女は、つぎのように答えます。

神が今も、一年中たえずここにいて村を守って下さらなかったら、この村は一分も続くことができない。たとえばこうしてあなたと話をすることもできなくなる（クライナー／住谷『南西諸島の神観念』）。

ここには、驚くほどに深い内容が語られています。神女は現代の現象学者のような正確さで、「ことば」の本質について語っています。村の生活がさして混乱もせず、現実性を失うこともなく進行していられるのは、ことばの力によっているのだ、と彼女は考えるのです。

人と人の間にことばが交わされ、また自分の心の中に絶え間なくわき上がってくる思いを、ことばの秩序にそって整えることができることによって、現実というものはそのつどそのつど構成されていきます。ことばには共通の尺度と文法の秩序にしたがって、心がとらえる現実を整えていく働きがあるからです。そのおかげで、一人一人違う思いを抱いている人間同士が考えを交換することもできますし、自分だけの思いが独りよがりの幻想に走ることなく、社会の場に開いているという状態を、心の中で維持していくこともできるようになります。

そういうことばが失われてしまえば、とたんにいっさいのコミュニケーションができなくなります。すると現実そのものがなくなり、生活も不可能になってしまいます。「高神」型の聖所の神は、そういうことばの機能を維持する神です。もっと広い意味では、象徴秩序を守る神、あるいは象徴秩序そのもののことを、この神はあらわそうとしているわけです。

芸術家・サヨク・トリックスター

いろいろな点で、この神は前にお話した「メビウス縫合型」の神と、対照的な特徴を示します。「メビウス縫合型」と私たちが呼んでいる心の働きを表現する神は、ことばのもつ象徴機能に抵抗して、はじまりのときにはあったはずの世界の全体性というものを取り戻そうとする心の働きを示しているものです。そのとき、世界の全体性を裏も表もない、内部も外部もない「メビウスの帯」であらわすとすると、ことばの象徴機能はそこに切れ目を入れて、「私」と「他者」、内部と外部などを分離してしまう働きをするものなので、なんとかして切れ目をふさぐ努力をして、元のままとはいかないながらも、いちおう「メビウスの帯」らしき姿を再現することにだけは、成功したのでした。

そうしてみますと、「メビウス縫合型」の心の働きを表現しているものの中には、大人になることを拒絶して、原初の一体状態に立ち戻ろうとする芸術的な表現なども含まれることになりますし、人類学で「トリックスター」と呼ばれているいたずら者の神の形象なども、典型としてそこに含まれることになります。

出来上がった社会の秩序に反抗する秩序転覆的な精神活動も、現実を否定して救済された世界を強烈に求める心理ももとをただせばこの「メビウス縫合型」の心の働きに根ざしていると考えることができますから、この概念はじつに広い適用範囲をもつと言うことができるでしょう。このタイプの心の働きは、精神における「サヨク的傾向」を代表するものと言えます。しかもこの傾向は誰の心にも内在していて、成長の過程でそれが表面化するかどうかの違いしかありません。

父としての「高神」

これに対して、「高神」として現れることになる象徴秩序の神は、精神の「ウョク的ないし保守的傾向」をあらわしている、と言えるかもしれません。芸術家的な「メビウス縫合型」の神は、コミュニケーションの潤滑な流れを阻《はば》んで、そこに意味の多様性や、イメージの豊かさなどを導き入れようとしますが、象徴秩序を支える「高神」型の神は、人々の間に確実なコミュニケーションの回路が保たれているように、一年中この世に留まり続けて、人間の暮らしを見守ってくれる神なのです。

面白みはないかもしれませんが、ふだんの暮らしにとっては、なによりも重要な働きをしている神だと言えるでしょう。このために「高神」タイプの神は、しばしば「父」だと言われることになるのです。グレートスピリットであった虹の蛇も、「天の父」と呼ばれることがありました。それは虹の蛇という存在が、部族の社会秩序を支える規則や道徳をみんなが守るように、厳しい監視の眼を光らせていたことによります。そういうグレートスピリットがスピリット世界を抜け出て、多神教宇宙の神々の一員となったときにも、この「父性」的な性質はそのまま保たれ続けたわけです。

このことは、「高神」からさらに一神教の「唯一神」というものが出現してきたとき、とても重大な意味をもつことになります。ことは資本主義的な現代文化にひそむ「父性」原理の問題にまで続いていくのですから、「高神」のもつ性質は、じつに巨大な人類的主題を私たちに突きつけていると言えるでしょう。

人間はトーラスだ、とラカンは言う

「来訪神」の本質を、切り開かれた「メビウスの帯」をもう一度縫合しようとする精神の運動の表現としてとらえたときと同じようにして、この「高神」の本質を表現できるモデルを見つけ出す必要があります。それはすぐに見つかります。「トーラス」と呼ばれるドーナツ状の立体がそれです。

心の働きのなかにこのモデルを最初に発見したのは、「メビウス縫合型」のモデルの場合同様に精神分析学者ジャック・ラカンですので、ここでは彼の思考の道筋を追いながら、問題の核心に近づいていくことにしましょう。

加計呂麻島の神女が語ってみせたように、「高神」である聖所の神（沖縄本島のほうで「御嶽《ウタキ》の神」と呼ばれているものが、それにあたります）はことばの象徴秩序を支えています。その神は一瞬たりともどこかよそにでかけたりすることもなく、一年中いつも村に滞在して、その秩序を守っているのですが、そのおかげで人々の間には共通理解の尺度が保たれることになります。

そのためには、「私」は自分のものでない、他の人たちとも共通の道具である「言語」というものを使わなくてはなりませんが、これがことばに内在する象徴機能のことにほかならないのです。「私」

が「私のことば」ばかりしゃべっていたら、他人との間に共通理解が発生できません。他人と話をするときには、「私」の無意識の欲望が語ろうとしている「私のことば」の使用はあきらめて、共通の「言語」の与える規則や法にしたがわなくてはなりません。

じっさい「私のことば」などというものは、実在しないのかもしれません。それは、子供が社会のものである「言語」を習得して、さて自分の無意識の欲望をその「言語」で表現してみようとして、それがまったく不可能であるのを痛感したときに生まれる、一つの幻想なのかもしれません。ことばの象徴機能をあらわす「言語」は、このように部分的な真理しか表現することはできないのですが、この「言語」なしには、私たちは自分の心の内面を言い表すこともできなければ、他人と意志を通わせ合うこともできません。

このような状態を、ラカンはつぎのようなトポロジー（図形モデル）で表現しようとしています。私たちはことばで全体的真理をあらわそうとして、トーラスの表面を意味で埋め尽くしていこうとします。ことばの象徴機能である「言語」は、線形的な秩序をもっています（時間軸にそってしゃべるわけですからね）。だから「ことばをしゃべっている」という状態を、トー

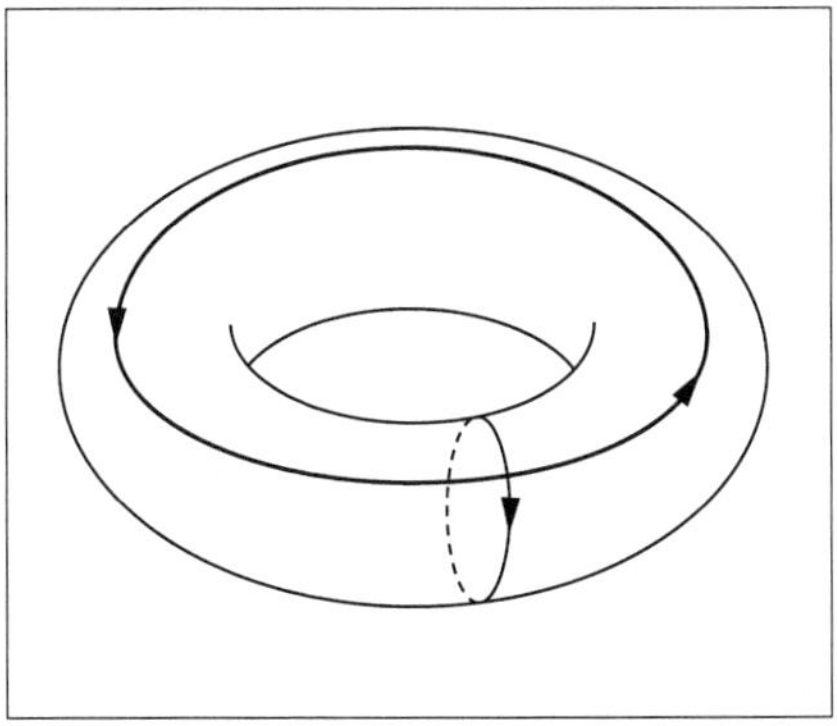
トーラス

ラス上の曲線であらわすことができるわけです。こうして、ことばは「すべて」を言い表そうします。ところが、意味の中心部に近づいていくと、このトーラスはくるっと内側に湾曲して、中心をそれて、またもとの表面に戻ってきてしまう運命にあります。けっして中心部の空虚を埋めることができないのです。

これが、ことばをしゃべる人間という生き物の宿命だ、とラカンは言うのですね。人間は自分の直感がとらえている世界の全体性を表現しようとして、つぎからつぎへとことばをくりだしてくるのだけれど、「ことばはつねに、自分の語りたいことを語りそこねる」という宿命をもっている。ことばの語られるところ、必ず空虚な中心が出現する。そのために、ことばとモノが一致することはありえない。私たちがしゃべっていることは、すべて「比喩」にすぎない。「比喩」の構造をあらわすとすれば、それはトーラスにほかならない。人間とは真ん中に空虚な穴の開いたトーラスだ。これがラカンのあきらかにした、ことばをしゃべる動物である人間の本質です。

トーラスとしての「御嶽の神」

加計呂麻島の神女とラカンの語るところをつき合わせてみると、私たちの前に「高神」としての本質をもつ「御嶽の神」の真実が、大きく浮上してくることになります。「高神」の特徴と人間の従わざるをえない条件とを、並べて書きあげてみましょう。

人間の条件をトーラスとして表現するならば、この図からもあきらかなように、「高神」はそのような人間の条件を純粋化したものとして、やはりトーラスの構造をそなえていることがわかります。ドーナツ状の表面のすべて（ここでことばの秩序が支えられるのです）と、真ん中の空虚からなる中空の構造として、この神の本質をあらわすことができるでしょう。

「高神」の特徴	人間の条件
聖所に常在している	寝ていても起きていてもいつもことばが語り続けている
共同体にとっては唯一神である	共同体の母語は一つ、ただ一つである
見えない隠れた神である	ことばの象徴機能は見えない隠れた働きである
ことばの秩序を維持している	ことばの秩序を維持しようとしている
充実した空虚がそこに臨在している	語られない空虚の存在が「言語」をなりたたせている
イメージを拒否する	ことばはイメージよりも抽象的である

「御嶽の神」をお祀りするのが、女性だけの集団であるというのも、ひょっとするとこの神のもつトーラス構造と関係があるのかもしれません。このトーラスの中心をなす空洞は、ことばによって表現不能な「超越性」をあらわしていますが、これは女性という存在がことばの象徴秩序にはおさまりきらない不確定な霊性を抱えた、とてもデリケートな生き物であることと関係があるかもしれません。

　つまり、中心に空虚を抱えた「高神」と、知性によるのではないやり方で交信をおこなう資格のある生き物は、その神と同じように、心の真ん中にぽっかりと開いた空虚を抱えた女性でなければならないのではないかということなのです。しかし、これはあまりに大きすぎる問題で、それを語っていたらもう一学期が必要なくらいですので、今回は深入りはやめておくことにします。

ようやく私たちは、多神教宇宙の構造を解き明かすのに、「御嶽の神」や「来訪神」といった地域ごとに少しずつ違う現象的な表現ではなく、純粋なモデルを使って説明することができるようになりました。

「メビウス縫合型」と「トーラス型」

スピリット世界の対称性が自発的に破れることによって出現してきた多神教宇宙は、「メビウス縫合型」と「トーラス型」という二類型の表現である、神々によって構成されています。この二つの類型は、たがいに深い関係にあります。真ん中に穴の開いた構造をしている「トーラス型」の「高神」が、スピリット世界の外に飛び出してきますと、それによって、「メビウスの帯」のようななりたちをしていたスピリット世界の全体性は壊されてしまいます。その様子は、ちょうど「メビウスの帯」に切れ目を入れて、裏と表、内部と外部などの区別を発生させてしまうプロセスであらわすことができます。

すると、その裂け目を埋めることによって、元の全体性を取り戻そうとする心の運動が、生まれてきます。切れ目を縫い合わせて、失われた対称性と全体性を取り戻そうという運動です。これが「メビウス縫合型」の神々のイメージを発生させるのです。引き金を引いたのは「高神」の敢行したスピリットの対称性世界からの飛び出しですが、そのとき生じた不均衡を埋めるかのようにして、歴史と現実に抗する夢見がちな神々は出現したのでした。

いっぽう「トーラス型」の神は、中心に開いた空虚そのものを神とすることで、別のやり方によって、自分自身が全体性そのものになろうとしています。空虚が本質なのですから、とうぜんこのタイプの神はイメージを否定して、無像性に偏《かたよ》っていくことになるでしょう。まばゆい光だけが、このタイプの神の属性として残されていくことになります。

多神教の宇宙は、この二つのタイプの神々の組み合わせとして出来上がっています。それが沖縄や奄美のように、あざやかなコントラストで表現されているところはむしろめずらしいほうで、じっさいには変形や複雑な組み合わせの結果、元の基本構造が見えなくなっているケースのほうが多いのですが、注意深く観察してみると、そこに神々の宇宙の「原子」のような基本構造を見出すことができるのです。

柳田＝折口説の修正

たとえば、日本列島本土の神社の神々の宇宙は、こんな具合に表現してみることができるでしょう。南島の場合との比較で示してみます。

本土の神社には氏子の集団というものがいます。神社に祀られている氏神を信仰している集団という意味です。一つの氏子集団には一つの氏神がいます。しかも氏神はただ一つに限るというのが、原則になっています。この氏子の集団が中世にはよく「宮座」というものを結成して、そこで古式豊かな祭式や芸能を伝えてきましたが、この「宮座」の神をお祀りしているときには、ほかの神を拝んだりすることは、厳禁されていました。つまり、氏神とはもともと「高神」としての性格を備えていたのはもちろんのこと、さらに進んでユダヤ民族にとっての「唯一神」と同じような要求をしていたらしいのです。

こういう観察に立って、ある宗教学者はつぎのように書いています。

氏神は氏子によって祭られ、氏子のための神で、氏子にとっては絶対の神である。したがって氏神はほんらい何の神、彼の神というように神の個性があったり、特殊の機能があったりするものではない。いわば至上神であり、唯一神である（原田敏明『村の祭祀』、中央公論社、一九七五）。

あきらかに神社の氏神は「トーラス型」の神です。しかしそこにまったく「メビウス縫合型」の機能が含まれていないかというと、話は微妙になってきます。氏神のための儀礼はきわめて厳粛におこなわれます。衣装を整えた氏子が集まって、神主を代表にして、神とのコミュニケーションの回路を開くための儀礼をおこなうのです。この点は、南島の「御嶽の神」などの場合と同じですが、違って

本土	南島
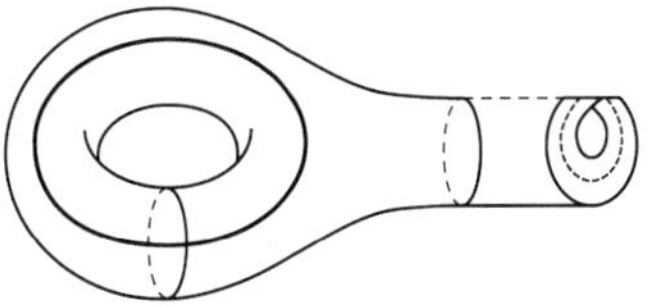	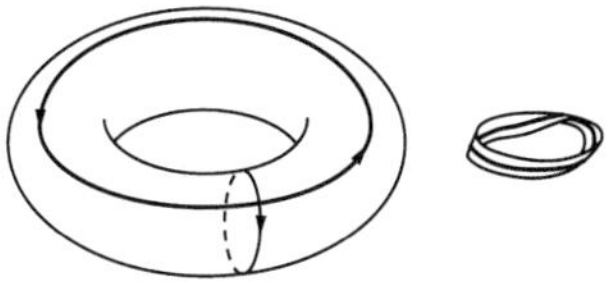
トーラス＋メビウス縫合	トーラス／メビウス縫合

いる点があるとすると、南島で儀礼を司《つかさど》るのは女性ですが、本土の「宮座」などでは男性たちがこれを執《と》りおこないます。

しかし、つつがなく氏神と氏子をつなぐ儀礼が終了すると、そのとたん、あたりの雰囲気は一変します。「祭り」がはじまるのです。さっきまでは騒音を忌み嫌って、厳粛きわまりない儀礼のおこなわれた神の庭が、明々と燃える松明《たいまつ》、汗まみれの裸の男たち、ふんだんにふるまわれるお酒、にぎやかな楽器の音、色とりどりの芸能、打ち鳴らされる太鼓の響きなど、ありとあらゆる過剰したものによって、覆われ、埋め尽くされていくのを、みなさんも見学したことがあるでしょう。

「トーラス型」の神を祀る「儀礼」が果てると、つぎの瞬間から主役は交代して、「祭り」の時間に切り替わっていく、日本列島本土の神社の祭礼は、このような二つの対照的な行動の連続でなりたっています。そして面白いことに、「祭り」の部分は、私たちの言う「メビウス縫合型」の行為を上手に組み立てることによって、出来ているのです。その特徴がいちばんよく出ているのは、「祭り」を彩る芸能の部分でしょう。折口信夫が発見したように、日本の芸能の中の重要なもの、たとえば「能」のような芸能は、南島の「来訪神」の出現の形態を、一つの原型としているからです。「祭り」を活気づけているのはスピリットたちなのだと言えるかもしれません。

「トーラス」と「メビウス縫合」の結合

そこで、私は日本列島本土の神社の信仰を、「トーラス」と「メビウス縫合」の二つのトポロジーの結合としてあらわすことができる、と考えたのでした。興味深いことに、数学者は以前からこのような結合に興味をもって、研究を深めてきました。関心のある方のために、結果だけお知らせしておきましょう。「トーラス」と「メビウスの帯」を一つに縫いつけた図形は、球面に三つの「メビウスの帯」を貼り付けたものと同じです。さて、このことがいったい「精神の考古学」にとって何の意味を持つのか、私にはさっぱりわかりませんがね。

しかし、いずれにしても「御嶽の神」を中心とする南島の宗教と、氏神の神社を中心とする日本列島本土の宗教との間には、じつに明確な構造上のつながりがあることだけは、たしかなことでしょう。

ここから私たちは、南島における「来訪神」の発見以来、日本民俗学が抱え込んだ難問の一つを、ごく自然に解決することができます。柳田國男も折口信夫も、神の出現の原型は、南島に見出される

「来訪神」であると考えました。ところが本土の氏神の信仰では、氏神はあきらかに「来訪」ではなく、「常在」の性格を見せています。このことの矛盾を解決するために、日本民俗学の創始者たちはこう考えました。

時勢から見ても、常世の国は忘られねばならなかった。常世神に仕えた村人らは海との縁が尠くなって行った。平野から山地にまで這入って了うては、まれびとの来る処は、自ら変って来る。

現在或は近世の神社行事の遡源的な研究の結果と、古代信仰の記録とを並べて考えて行くと、一番単純になりきったのは、海浜の村の生活の印象である。ここまで行くと、我が国土の上に在ったことか、其《それ》とも主要な民族の移住以前の故土での事か、訣《わか》らなくなる部分が出て来る。此事については、別に論じたく思うが、此だけの事は言われる。

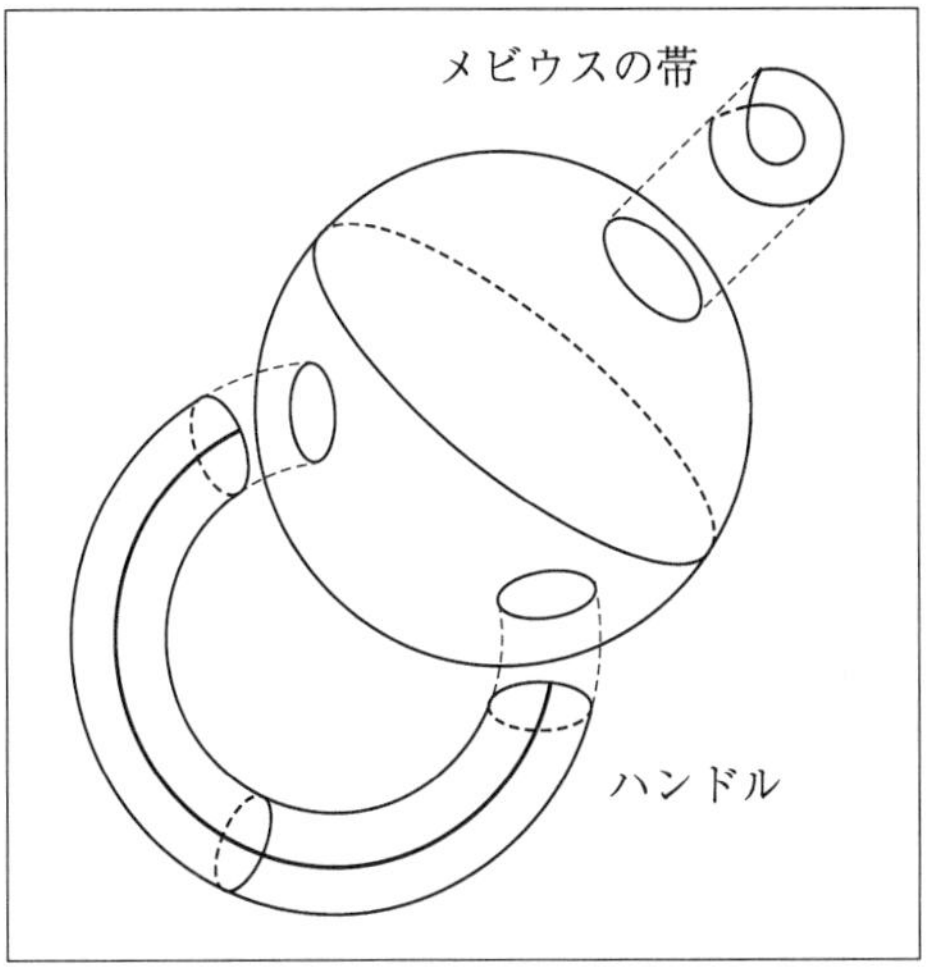

トーラスとメビウスの帯を結合した図形
（瀬山士郎他『トポロジー万華鏡』朝倉書店）

ともかくも、信仰を通じて見た此国土の上の生活が、かなり古くからであったらしい事である。尠くとも、そうした生活を始めた村が、極めて古くあった。其上、自発したものか、他の村からとり込んだかは二の次にして、相似た生活様式の多くが、沢山な村々の上に極めての古代に見出される。平野に深く移って後も、尚、祭りには、海から神の来る事を信じた村もある。だが多くは、段々形を変えて、山からとし、天からと考える様になる。元来、天上に楽土を考えた村々もあるにはあったらしいのである（『折口信夫全集第一巻古代研究〔国文学編〕』中公文庫、一九七五）。

さきほどから私たちが続けてきた探究は、このような無理のある仮説を立てなくとも、南島と本土の宗教形態の違いを、もっと信仰内部の論理的なプロセスとして、ごく自然に理解できるということを示しています。「来訪神」があまり遠くに出歩かなくなったから、氏神は神社に留まるようになったのではなく、氏神は「高神＝御嶽の神」の仲間として、旅をしないだけです。そして、南島の「来訪神」の機能は、折口信夫が正確に理解していたように、芸能と祭りが形を変えて果たしているのです。

こんな具合に、「精神の考古学」が持ち込もうとしている方法は、民俗学の研究などにも、相当な威力を発揮することが期待できるのではないか、と私などは考えているわけです。

心の構造の表現としての多神教

どうです。多神教の宇宙が、心の構造のじつに優れた表現になっていることがおわかりでしょう。たしかにそれは、ほとんど「精神分析学の先駆者」といっていいかも知れません。ジャック・ラカンはことばをしゃべる動物である人間の心を「構造」としてとらえると、基本的にそれを理解するためには「トーラス」と「メビウスの帯（あるいはその高次元表現であるクラインの壺）」という、二つのトポロジーがあれば十分であると、考えました。面白いことに、神々の基本構造を理解するためにも、「トーラス」と「メビウスの帯」の二つのトポロジーがあれば、十分なのです。

いったいこのことは、私たちに何を語っているのでしょう。宗教は心の構造の深遠な表現であり、それ以上でも以下でもない、ということです。しかも心の構造は人間のしゃべることばの構造によって決定づけられており、「精神の考古学」によれば、このことばの構造はまた、現生人類の脳におこった革命的なニューロンの組織替えの過程で出現した、流動的知性の働きによって生み出されたのです。

こう考えてみますと、人間が完全な無神論でいることなどは、原理的に不可能なことである、と結論づけたくさえなってきます。神々は長いこと人間の心の同伴者でしたが、制度としての宗教が消滅するというような時代になったとしても、現生人類としての心の構造が同じままであるかぎり、この先もきっと、心の構造の表現者であり隠れた同伴者であり続けるのかもしれませんね。

第七章

高神から唯一神へ

聖なる結婚

真ん中に穴の開いたトーラスの形をした「高神」のモデルと、いったん切り開かれたメビウスの帯をもう一度縫い合わせたものとして表現された「来訪神」のモデルとを、思い出して下さい。

私たちが「メビウス縫合型」と名づけた神は、いろいろと「高神」にはない性質をそなえていました。なかでもいちばん大きな違いは、この型の神では「あの世」と「この世」の区別が必然的に生まれてくるのに、「高神」では自分の中からはどうしても、「あの世」という概念をつくりだすことができないという点にあります。ここから、百花繚乱の豊かさをもった宗教的思考が生み出されてきたのです。

「メビウス縫合型」の神は、「あの世＝他界」と「この世＝現実世界」の区別を意識させ、二つを空間的に隔絶・分離された領域として描き出し、しかるのちに通り抜けるのさえ困難な細い通路をとおして、その二つの領域を結びあわせることをおこなう神です。このような考え方が、神話的思考をさぞかし刺激しただろうということは、大いに想像がつきます。じっさいこの型の神をめぐっては、じつにおびただしい種類の神話がつくりだされました。

「あの世」とは、死者の世界または死の世界と言うこともできます。「メビウス縫合型」の神は、そうすると死者の世界と生者の世界をつなぐ旅をおこなう者、というイメージを担うことになるでしょう。じっさいに、死者の国に降りていかなければならなかった神をめぐる神話は、たくさん語られていますが、その死者の国はまた死んだ母親や妻の住んでいる世界でもあるので、その世界へ出かけていった主人公の神は、女性のもつ自然の豊穣力に触れて、「この世」に戻ってくる存在としても、描かれることになります。

また別の表現では、主人公の男神は死に、その魂を求めて妻が死者の世界に降りていくという、英雄的な行為をおこなうことになります。女神のおこなうこの英雄的な行為によって、男神は復活をとげます。この表現が何を意味しているかは、もうみなさんにはおわかりでしょう。「あの世」と「この世」がふたたび、メビウスの帯のようにひとつながりのものとして縫い合わされるばかりではなく、いったん死によって分離されてしまった「男」と「女」、「生」と「死」、「豊穣」と「荒廃」などが、あらためてひとつに結びあわされることになります。しゃれた言い方をしてみれば、世界のさまざまなレベルで「聖なる結婚」が実現され、世界は全体性を取り戻した、というわけです。

「ハベル」の歴史への出現

さて、ここから話はいよいよ、「唯一神」の誕生というスリリングな話題に入っていくことになります。

いまから四千年ほど前、と言えば、日本列島では縄文中期の文化が栄えていた頃の話ですが、いまのイスラエルにあるカナン地方に、「ハベル」とか「アビル」と呼ばれる放浪する部族の一隊が、住みつくようになりました。「ハベル」はもともとあまり上等な意味ではなく、「法の外にある連中」ぐらいの意味でしたが、砂漠の遊牧民であるベドウィンとは一線を画していたようです。もっともこのことばから、のちに「ヘブライ」ということばもできたわけですから、周辺の部族からは、大変皮肉で光栄な名前をいただいたわけですね。

この人々は、ティグリス川とユーフラテス川の間の美しい谷に、シュメール人のつくりだした最古の文明都市ウルを出て、長い旅の末に、この豊かなカナンの地にたどり着いたのでした。この旅を率いてきたのは族長のアブラハムという人物で、伝説では「ヤハウェ」という名前の神をお祀りしていたと言われています。

このときアブラハムがお祀りしていた「ヤハウェ」の神が、どういう神であったのか、本当のところはよくわかっていません。もちろん旧約聖書には、その神はアブラハム時代から六百～七百年後にエジプトからの脱出を敢行した族長モーセの時代に、モーセの前に出現した神と完全に同じ神であると書かれていますが、それはずっとあとになってから、ユダヤ民族が自分たちの歴史を、「唯一神」の思想にしたがって合理化するために考え出した話で、そのまま鵜呑《うの》みにすることはできません。

現代の聖書研究は、もっと自由な考え方をしています。それによると、アブラハムの頃におこなわれていた信仰は、のちの時代のユダヤ教よりも、はるかにハイブリッドな宗教だったのではないか、と思われます。シュメール人とそのあとをついだバビロニア人の宗教は、カナン地方にも深い影響を与えていました。そして、族長アブラハム自身がお祀りしていた「ヤハウェ」の神も、また一般の「ハ、ベル」たちが当時じっさいに信仰していた神々(「神々」と複数形であることに注意)も、カナン地方で広くおこなわれていた宗教から、大きな影響を受けていたことが、確実な資料にもとづいて推定されています。

エルとバアル

当時おこなわれていたカナン人の宗教の中で、もっとも重要な神が二人います。それが「エル」と

バアル神

「バアル」です。

天をふだんの住処として、高い山に出現するというエルは、あきらかに「高神」としての本質をもっています。そして、エルの息子バアルはと言えば、死の世界に入っていったのちに、妻である女神の力によって甦《よみがえ》りを得た豊穣の神として、まぎれもない「メビウス縫合型」の神の特徴をそなえています。つまり、エルとバアルの組み合わせによって、非対称的な「トーラス型」と対称性の強い「メビウス縫合型」という「神々の基本構造」の二要素が、親子関係として一つに結びあわされていることになります。

バアル神について、つぎのような神話が語られています。嵐の神バアルは、オーストラリア・アボリジニにとっての虹の蛇のように、雨期の大雨のもつ「善い性質」を象徴する、まことに英雄的な神でした。洪水をおこして作物や人間を呑み込んでいく、大雨のもつ「悪い性質」をあらわすヤム神と、たえず諍《いさか》いを繰り返しながら、大地を豊穣にし、農業を豊かに栄えさせようとするのでした。

しかし、ここで神の運命に悲劇がもたらされるのです。

　だが、バアルは逆転の憂き目に遭う。彼は死に、死と不毛の神モトの世界に降って行かなければならない。「いと高き神」エルは、自分の息子の運命について聞くとき、その玉座から降りて来て粗布をまとい、自分の頬を傷つけるが、息子を救い出すことはできない。神聖な領域を去り、その双子の魂を探しに行くのは、バアルの愛人であり妹であるアナトであった。その様は「雌牛がその子牛を求め、雌羊がその子羊を求めるがごとく」であった。彼女が彼の死体を見つけたとき、彼女は彼を称えて弔《とむら》いの宴を張り、モトを捕らえ、自らの剣で切り裂き、その体を大地に蒔く前に、それを穀物のように吹き散らし、焼き、粉に挽く。似たような物語が他の偉大な女神たち――イナナ、イシタル、イシス――についても語られる。彼女らはみな死んだ神を探し出し、大地に新しい命を回復させる。しかし、アナトの勝利は年ごとに儀礼的祝祭において永続させられなければならない。後に――資料が不完全なので、どのようにしてかは定かでないが――バアルは蘇らされ、アナトのところへ戻される。両性の統一によって象徴される全体性と調和のこうした神格化は、古代カナンにおいては儀礼的性行為によって祝われた（カレン・アームストロング『神の歴史』高尾利数訳、柏書房、一九九五）。

旧約聖書では、族長のアブラハムは「唯一のいと高き神ヤハウェ」のみの信仰をおこない、自分の民にも「唯一神ヤハウェ」への信仰をすすめていた、と書かれていますが、どうもじっさいにイスラエルの人々は、族長のありがたいおすすめのことばなどは聞き流して、カナンの人々と一緒になって、まぎれもない「メビウス縫合型」であるバアル神の祭などを、積極的におこなっていたようなのです。

「高神」としてのアブラハムの神

それどころか、アブラハムの神でさえあやしいもので、それはまだ「唯一神」としての性質をはっきりとはもっておらず、せいぜい「高神」と呼んでおいたほうが無難な程度の神だったのではないかと考える聖書学者も、現代には何人もいるぐらいです。そのうちの一人は、ベストセラーにもなった論争的な本の中で、こんな風に書いています。

アブラハムの神が、カナンの「いと高き神」エルであったということは、大いにありそうなことである。その神は自らをアブラハムにエル・シャダイ（山のエル）としてあらわすのだが、それはエルの伝統的な称号の一つであった。他のところでは彼は、エル・エリヨン（最高の神）あるいはベテルのエルと呼ばれている。カナンの高き神の名前は、イスラ・エルとかイシマ・エルとかというヘブライの名前に残されている。彼らはこの神を、中東の異教徒たちにとっても親しみがあるような仕方で経験したのである（同前掲書）。

このような研究を積み重ねていくことによって、将来「一神教の民」の信仰の、初期の本当の姿が浮かびあがってくることでしょうが、いまの段階でも、それが「多神教宇宙」と私たちが呼んできたものと、それほど大きな違いはなかったと言えそうな気がします。その頃、族長たちが信仰していた神ヤハウェは、たしかにその部族がただ一人の「いと高き神」として祀る神には違いなかったでしょうが、それは多神教宇宙における「高神」の一形態を出るものではなかったと思われます。しかも一般のイスラエルの人々は、ヤハウェだけでなく、豊穣の神バアルでさえ、おおっぴらにお祀りしていたのです。

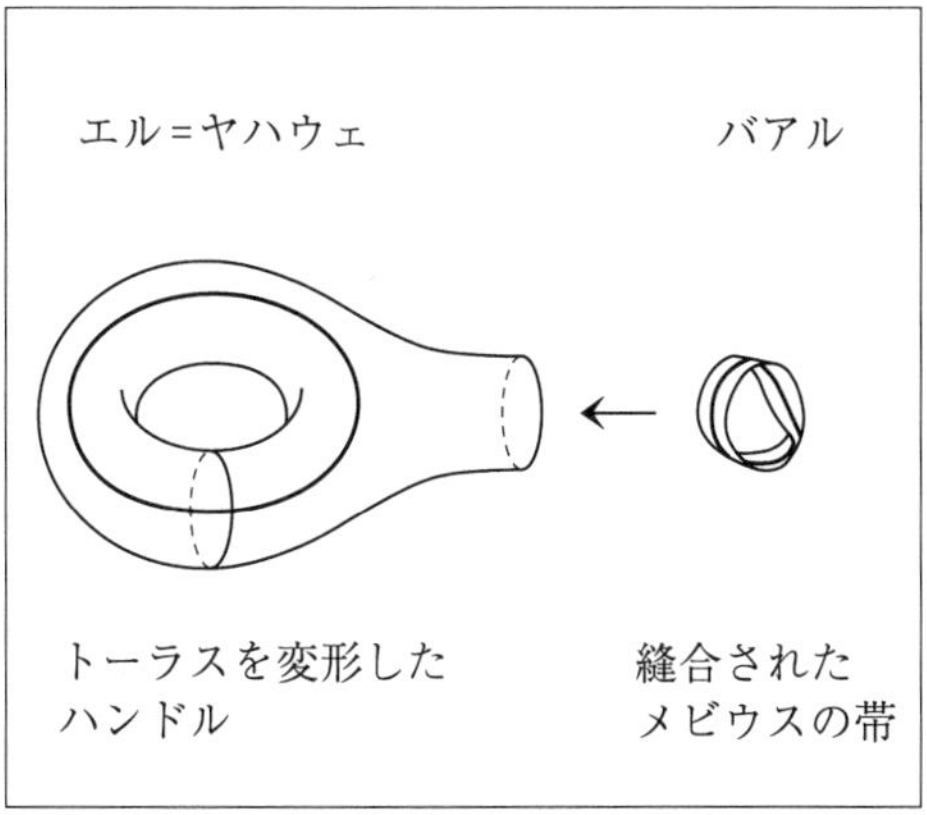

「トーラス型」と「メビウス縫合型」が共存しあっていたわけです。ヤハウェでさえ、バアルのような神への信仰を完全にやめさせるにはいたっていません。ここではまだ人々の心の構造は、「トーラス」に「メビウスの帯」がくっついた、つぎのようなトポロジーの状態を保ち続けていたのでした。お気づきのように、これは日本列島本土の神社信仰と同じ構造をしています。

モーセの前に唯一神が出現する

こんな具合ですから、イスラエルの人々の間に、「唯一神One God」というものが出現してくる過程は、とても長い時間を要したゆっくりとしたものだった、と考えたほうがよいと思います。しかしそのなかにも、劇的な変化をつくりだしただろうと想像される、いくつかの出来事があります。

そのなかでもいちばん重要なのは、モーセの思想です。モーセはそれまでのイスラエルの人々の考え方とは違って、アブラハム以来の彼らの神ヤハウェを、人間との絶対的な距離で隔絶された非対称性の神として理解し、あわせてほかの多神教宇宙の神々への信仰を徹底的に禁止したのです。

アブラハムの神は、アブラハム族長と同じカーペットに座り、一緒に食事までした間柄でした。その孫のヤコブとは、一晩中取っ組み合いの格闘までやったほどです。そんなに親しい間柄だったはずのイスラエルの神が（つまり、人間と「高神」である神《ゴッド》の間に、まだ対称性がいくぶんかは保たれていたということですね）、モーセの前に出現してくるときには、厳《いか》めしい口調で、こんなことを言い出したのです。そのときの光景を、旧約聖書によって見てみましょう。

時にモーセはその岳父、ミデヤンの祭司、エテロの群を牧《か》いつつ、ある時荒野の奥まで群れを導いて、神の山ホレブにいたった。そのときヤハヴェの使いが茨の藪《やぶ》の間から、火の炎の中で彼に現れた。彼が見ると、見よ、茨は火に燃えていながら、その茨はいつまでも燃え尽きることがなかった。そこでモーセが思うには「何故あの茨が燃えないか。道をそれて、あの偉大な光景を見てみよう」と。ヤハヴェはモーセがやってくるのを御覧になって、神は茨の間から彼に呼びかけて「モーセよ、モーセよ」と言われた。モーセは言う、「はい、ここに」と。すると言われる。「ここに近づいてはならない。君の足から靴をぬげ。君が立っているこの場所は聖地であるから」。さらに言われた、「わたしは君の先祖の神、アブラハムの神、イサクの神、ヤコブの神である」と。そこでモーセはその顔を隠した。神を観ることを怖れたからである（関根正雄訳『旧約聖書——律法』）。

「高神」の自覚が、モーセの思想をとおして、一気に異常な高まりに達したと言えるかもしれません。それまで「いと高き神」として、しばしば天上に住まいを持ち、まばゆい光や火をとおして人間の前に出現してきた「高神」には、バアルや母神たちが楽しんでいたような豊かな感覚性と人間との親しい接触とを拒否しようとする傾向が、たしかに潜在していました。それでも「高神」は多神教宇宙にあるかぎり、「メビウス縫合型」の神との共生関係を保ち続けるために、自分の中にひそんでいる潜在的な傾向を、これほどラジカルな形であらわにしようとは考えませんでした。

一神教革命の意味

ところが、出エジプトの体験とモーセの思想を通過したのち、「高神」は人間との間に絶対的な距離を保ち、ほかの神々の存在を激しい嫉妬心をこめて拒絶する、「唯一神」に変貌をとげたのです。

人類の思考のうちにはじめて、絶対的に非対称な神が出現したのです。

苦難の歴史を体験するたびに、イスラエルの人々の間には、「唯一の神ヤハウェ」への絶対的な信仰と、いまや「異教の神」としてレッテルを貼られることになった多神教宇宙の神々に対する拒絶を主張する預言者たちが、つぎつぎに登場しては、モーセがはじめたこの「一神教革命」を、どんどん極端なところにまで引っ張っていこうとしました。

預言者たちの伝えるヤハウェのことばは、私たちには、なにか愛人に向かって絶対的にひたむきな愛を要求している男性の語ることばのようにさえ、聞こえます。イスラエルの人々の心を誘惑した魅力的なバアル神たちから、なんとかして愛人の心を取り戻そうとして、ある預言者はこう歌います。

その日が来れば——とヤハウェは言われる。
あなたはわたしを、「わが夫」と呼び
もはや、「わが主人（バアル）」とは呼ばない。
わたしは、どのバアルの名をも
彼女の口から取り除く。
もはやその名が唱えられることはない（『ホセア書』）。

こういう激しいことばの中に、私たちは何を読みとったらいいのでしょう。「精神の考古学」は、そこに心の構造をつくりかえようとする、強い衝動を見出します。これによって、心のエネルギーの配置構造には、革命的な変化が引き起こされることになるからです。

ホモサピエンス・サピエンスの脳にはじめて出現したスピリット世界は、何回にもわたる構造の組み換えをへても、「対称性の維持」ということをとおして、いまだに原初の全体性を保ち続けてきました。そのスピリット世界の構造の組み換えから生まれた「高神」という存在の中から、ヤハウェなる神《ゴッド》が出現したわけですが、このヤハウェを「唯一神」とすることによって、その全体性を突き崩そうとする人々が、ここに出現しようとしていたのです。それはいずれ、世界の姿を変えてしまう力をもつにいたるでしょう。その意味で、たしかにこの出来事は一種の「革命」だったのだと思います。

第八章

心の巨大爬虫類

「メビウスの帯」の抑圧

一神教が成立したごく初期の段階についての、ここまでの説明からわかることは、「高神」を中心にして構成された多神教宇宙が、「唯一神」のみの一神教に組み換えられていく過程で、それまであった重要な要素の完全な取り除きとか破壊とかは、じっさいにはおこっていない、ということです。ではどういうことがおこったために、一見するとまったく異質な一神教が、多神教の中から出現してくることができたのでしょうか。

取り除きや破壊ではなく、「抑圧」がおきたのです。「トーラス型」の宗教的思考によって、「メビウスの帯」のような心の働きを維持しようとしてきた心の機構全体が、抑圧されることによって、表面には出てきにくくなった、そういうやり方で、多神教は一神教に作り変えられたと見るのが、正しいと思います。

この過程は、スピリット世界が多神教宇宙に作り変えられるときにおこったような過程とは、どうも根本的な違いをもっているようです。そのときには、心のトポロジーの構造が、「対称性の自発的破れ」とよく似た精神力学的過程をとおして、ほんものの変化をおこしています。ところが、これまで見てきたとおり、一神教の成立については、そのような心の構造のトポロジーに関わるような、根本的な作り変えはおこっていません。

「トーラス型」の心の働きも、「メビウス縫合型」の心の働きも、現生人類の脳が直感する「超越性」の領域の近くでわきおこっている心のエネルギーを造形することによって、つくられてきたものです。ですから、もともとの「素材」はいっしょ、と言えるわけで、そこに抑圧が働いて全体の配置転換がおこっただけなのだ、と一神教の成立を理解することができます。

ことばに覆われたトーラス

「唯一神」のトポロジー

そういうものとして一神教を理解してみますと、「純粋な一神教」などというものが存在するのは、とても難しいことだ、ということがわかります。しかし、それを理念で思い描いてみることはできます。「純粋な一神教」というのは、きっと「トーラス」だけで出来上がった心のトポロジーのことを意味しているでしょう。

ドーナツ状をした「トーラス」の表面には、ことばのもつ象徴秩序を実現して、「この世」を秩序ある、知的にも理解可能なものにするための、無数のことば的表現が描き込まれています。そのことば的表現の作用は、意識の表面だけではなく、

「無意識」と呼ばれる領域にまで及んでいます。このようなことば的表現が、ドーナツの表面を何重にも埋め尽くすようにして、「この世」は出来ています。

しかし、このようなことば的表現を無限に積み重ねても、「トーラス」の真ん中に開いた「穴」を埋め尽くすことはできません。というよりも、「この世」の現実はことばの象徴秩序によってつくられるという、この考えそのものが、中心に開いた「空虚な穴」を必然的に生み出してしまう、と考えたほうがよいのでしょうね。

そこで一神教の神《ゴッド》だけが、この中心の空虚をみたすことができる、と考えるのです。人間のおこなうどんな知的な活動も、世界の全体真理のすべてを表現し尽くすことはできません。ことば的表現のとらえる「この世」は、どうしても「不完全」なのです。ところが、神《ゴッド》の知性だけが「完全」です。そのために、人間の知性にとっては「非知（考えることができない、知ることができない）」であるものを、神《ゴッド》の知性だけは知ることができる、という考えが一神教の中では発達していくことでしょう。つまり、神《ゴッド》とは「非知」の領域を包み込んだ、「完全な知性」の活動をあらわすことになります。

世界を知性だけでつかみとろうとする欲望の発生

見ようによっては、こういうやり方で、一神教も世界の全体性をつかみとろうとしているのだ、と言えるかもしれません。非対称の原理を徹底させることによって、神《ゴッド》の知性が「非知」の領域までも含んだ世界の全体性をつかみとる、という戦略ですね。多神教の場合には、「メビウス縫合型」をした低次の対称性を含むさまざまな神々の活躍によって、原初の対称性を回復しようとする努力が試みられていました。それとよく似たことを、一神教は非対称性の原理だけをつかって実現しようとしてきた、と考えることができます。

この結果、私たちのようなもともと多神教宇宙の中で発達してきた文化を生きてきた者には、とうてい納得しがたい主張が、一神教とくにキリスト教の側から、力強く発せられてきたものです。とりわけキリスト教的な近代文明が、あまりに「知性」を偏重するあまり、「知」と「権力」とが一体であるような文明を、グローバルな規模で拡大しようとしてきた、そしていまも強力に推し進めている様子に、私たちは深い懸念を抱いているのです。

みなさんはおぼえていらっしゃるでしょうか。はじめて「高神」というものの本質を説明したときに、それが本質的には、「あの世」と「この世」の区別をもたない思考にもとづいている、と語られました。

> 世は一つ、この村だけであり、これと異なる他界のことはぜんぜん考える必要がない。神は常にここにいて下さるのであって、神のいないこの世というものは存在しないのであるから、もはや来訪という考え方はない（クライナー／住谷『南西諸島の神観念』）。

南島の人々が考えたこの「高神」の規定は、一神教の神《ゴッド》にも適用が可能です。

さまざまな来訪神やバアル型の豊穣神を生み出してきた多神教宇宙では、「この世」の現実《リアリティ》はことばの象徴機能によって刻一刻かたちづくられていくものであるとしても、「あの世」にはそのような象徴秩序は及ぶことがない、と考えられていました。そのために、このような思考法は、しばしば一神教の側からは「神秘主義」というレッテルを貼られることになりました。ある意味で、多神教はそうすることで、「知の権力」が絶対に及ばない領域というものを、思考の中に、あるいは脳の中に、確保しようとしてきたのかもしれません。

ところが、このような「メビウス縫合型」の思考を強力に抑圧してしまいますと、「知の権力」が思考の全面を覆い尽くすような、まことに由々しい事態が発生することとなります。なぜなら、本来「高神」である「唯一神」には、原理から言って「この世」しかないからです。「唯一神」にはもともと「あの世」のことなどを考える必要もないし、またその能力もありません（一神教の描く「あの世＝他界」のイメージは、スピリット世界の記憶をもった者たちには、まったく貧しいポンチ絵にしか見えません。ダンテの描いた「あの世」でさえ、じっさいには「この世」のイメージの投影にすぎないように思えるほどなのです）。

この神《ゴッド》のもつ「全知全能」の照らし出す街灯の下でだけしか、一神教の思考はおこなわれません。

そのために、「神《ゴッド》の全知全能」が、最初から「この世」の地平にくり込まれてしまっているという事態がおこります。そうしますと、そこからはすぐに「知は権力なり」という、一種のすり替え思考が生まれてくることになるでしょう。非対称性の思考だけで宗教を形成すると、こういう危険な事態が生まれやすくなってしまうのです。その宗教は、あまりに生真面目であるがゆえに危険をはらみます。

ワタリガラスのいいかげんな創造主

その生真面目さは、とくにものごとの「起源」を考えようとするときに、発揮されることになります。旧約聖書の語る「天地創造」の神話などが、その生真面目さの真骨頂でしょうが、そのことが多くの問題をつくりだしてきました。時間の限りもありますので、ここでは一つの興味深いエピソードだけを、ご紹介するにとどめておきましょう。

北アメリカ大陸の北西海岸に住む先住民やイヌイットたち、それにベーリング海峡を渡ったアジア側に住むチュクチやコリャークのような先住民は、近代になってキリスト教と出会ったとき、とても恥ずかしい思いをしたという記録が、いろいろと残されています。

この地域の人々の間には、ワタリガラスを創造主とする神話が語られてきましたが、彼らは聖書が語る「天地創造」の話を聞かされたときに、いままで気づかなかったけれども、自分たちの創造主のやったことは、ヤハウェという聖書の神のしたことに比べると、なんといいかげんなやり口だったのだろうと、すっかり恥ずかしくなってしまったのだと言います。

それは、たとえばこんな神話です。

世界を解放するワタリガラス（ハイダ族の彫刻）
(Bill Reid, Robert Bringhurst, *Le Dit du Corbeau*, Atelier Alpha Bleue)

チュクチ族の神話：「ワタリガラスのクールキルとその妻」

ワタリガラスのクールキルと妻がいっしょに暮していた。ワタリガラスは、誰かによって創造されたのではなかった。ワタリガラスは、自ら創造された者であった。彼らが暮していた地面はとても小さかったが、彼らの必要には見合っており、生活の場としては充分だった。しかも、そこには人はいなかったし、他にどんな生き物もいなかった。トナカイも、セイウチも、クジラも、アザラシも、魚も、一つとして生き物はなく、まったく何もいなかった。

妻が呼んだ。「クールキル」。「何だ」。「わたしたちだけでは寂しいでしょう。これは楽しい生活ではありません。行って大地をつくってみる方がよいでしょう」。「わたしにはできない。本当だ」。「いいえ、できますよ」。「できないと言っておるのだ」。「おお、そうですか。あなたが大地をつくれないというなら、せめて、このわたしが、『脾臓の仲間』をつくってみます」。「そうか、見ていようではないか」。「わたしは行って寝ます」と妻は言った。「わたしは寝ない」とクールキルは言った。「わたしはおまえのことを見ていよう。おまえがどうなるか見ていよう」。「よろしい」。彼女は横になって眠った。クールキルは眠らなかった。彼はじっと見守っていた。何も変らない。彼女はこれまでどおり。彼の妻は、もちろん、彼と同じようにワタリガラスの身体をしていた。彼は反対側から眺めたが、前と同じだった。正面から眺めると、彼女の足は一〇本指の人間の足になって、ゆっくりと動いていた。「これは、これは」。彼は自分自身の足を伸ばしてみたがやはりワタリガラスの鉤爪《かぎづめ》だった。「いや、わたしは自分の身体を変えることはできない」。そこでもう一度見ると、彼の妻の身体はすでに白くなって、羽がなくなり、われわれ人間のようだった。「ああ、どうしよう」。彼は自分の身体を変えようとしたが、どうすればできるのであろうか。彼は身体をこすり、羽を引っ張ったが、どうしようもない。相変らずワタリガラスの身体とワタリガラスの羽だった。

もう一度、彼は妻を見た。彼女の腹が大きくなっていた。眠っている間に彼女は何の努力もせずに創造していた。彼はびっくりして、顔をそむけた。彼はこわくてもう見ていられなかった。「もうこのまま、見ないでいよう」と言った。しばらくすると彼はまた見たくなり、もう我慢しきれなかった。それでもう一度見た。そして、見よ、もうすでに三人になっていた。彼の妻はあっという間に分娩した。彼女は男の双子を産んでいた。それからようやく彼女は眠りから覚めた。三人はみなわたしたち人間のような身体をもっていたが、クールキルだけはワタリガラスの身体のままだった。子供たちはワタリガラスを見て笑い、母親に尋ねた。「母さん、あれは何ですか」。「あれは父さんです」。「あれ、父さんだって。本当なの。ハッ、ハッ、ハッ」。彼らは近づいて、彼を足で押した。母親は言った。「子供たち、おまえたちはまだ愚かです。話してもよいと言われた時しかしゃべってはいけません。ここでは、わたしたち大人が話す方がよいのです。笑ってもよいと言われた時しか笑ってはいけません。おまえたちは聴いて従わなければいけません」。彼らは言うことを聴いて、笑うのを止めた。

ワタリガラスは言った。「さて、おまえは人間をつくった。今度は、わたしが行って大地をつくることにしよう。もし、わたしが帰らなかったら、『彼は水に溺れてしまったのだ、放っておきましょう』と思っていい。わたしは試しにやってみることにしよう」。彼は飛んでいった。はじめに彼はすべてのあらゆる有益な存在であるヴァルギットを訪れて、助言を求めたが、誰も応えてくれなかった。彼は暁に頼んだが、助言は得られなかった。彼は落日、夕暮、昼間、天頂に頼んだが、応えも助言もなかった。とうとう彼は空と地面とがいっしょになる場所にやってきた。空と地面とが合わさる凹地に一つの天幕があった。そこは人で一杯だった。彼らは大騒ぎをしていた。彼が火花で焼けてできた穴からのぞいてみると夥《おびただ》しい裸の背中が見えた。彼はびっくりして跳びのき、そこに震えながら立ち止まった。恐ろしさの余り、彼はつい先ほどまでやろうとしていたことの高慢さをすっかり忘れてしまった。

一人の裸の男が出てきた。「おや、誰かが通っていく音が聞こえたようだが、どこにいるのだろう」。「このわたしだ」と答えがあった。「おお、これはすばらしい。あなたは誰だ」。「実は、わたしは創造者になろうとしているのだ。わたしはクールキル、自ら創造された者だ」。「おや、そうですか」。「それであなた方は何者だね」。「わたしたちは空が地面と合わさってぶつかった時にできた塵《ちり》からつくられたのです。わたしたちは殖えて、地上のすべての人間たちの最初の胤《たね》になろうとしているのです。しかし、大地がありません。誰かわたしたちのために大地をつくってくれないでしょうか」。「わたしがやってみよう」。

ワタリガラスと話し相手の男はいっしょに飛び去った。ワタリガラスは飛びながら排泄をした。排泄物は一つ一つ水中に落ちると、すぐに大きくなって、陸になった。排泄物の一つ一つが陸になり、大陸や島、たくさんの地面になった。「さあ、見てくれ。これで充分ではないかね」とワタリガラスは言った。「いや、まだだ」と連れは答えた。「まだ充分ではない。真水がないし、陸は余りにも平坦で、山も何もない」。「そうか、もう一度やってみようか」とワタリガラスは言った。

彼は水を越えていった。水が一滴落ちたところに、湖ができた。噴流が落ちたところには川ができた。その後、彼はとても固い糞を排泄しはじめた。その排泄物の大きなものは山となり、小さなものは丘となった。大地は今のようになった。そこで彼は尋ねた。「さあ、見てくれ。これで充分ではないかね」。相手は眺めた。「まだ充分ではない。こんなに水がたくさんなければいいのだが。いつの日か水が増えて、陸をすっかり覆い尽して、山の頂上さえ見えなくなるかも知れない」。

そこで善良なるワタリガラスは遠くへ飛んでいった。彼は精一杯の努力をして、大地をつくり、くたびれ果てたが、それでも川と湖に流れ入る水をつくった。「さあ、見てくれ。これで充分ではないかね」。「充分のようだ。

もし、洪水が来たとしても少なくとも山頂は水の上にあるだろう。そうだ、これで充分だ。ところで、われわれは何を食糧とするのだ」。

そこで善良なるワタリガラスは、飛んでいって、木々を見つけた。それらはさまざまな種類のたくさんの樹木――シラカバ、ポプラ、ハコヤナギ、ヤナギ、マツ（ストーン・パイン）、アシだった。彼は手斧《ちような》をとりだして、樹木を伐りはじめた。彼は木片を水に投げ入れた。すると木片は海の方へ流された。彼がマツを伐って、その木片を水に投げ入れると、それらはセイウチになった。カシを伐ると、その木片はアザラシになった。マツの木片は北極グマになり、小さな矮性のクロカバの木片は大きなクジラになった。その他のあらゆる木々の木片は魚、カニ、虫など、すべての海の生き物になった。そして、さらに、野生トナカイ、キツネ、クマなど、すべての陸の生き物が生まれた。彼はそれらを全部つくり、「さあ、これで食糧ができたぞ、どうだ」と言った。

やがて、人間たちは大人になり、別々の方角へ別れていった。彼らは家をつくり、獲物を狩り、たくさんの食物を捕獲して、一人前になった。しかしながら、彼らはみな男ばかりだった。女はいなかった。それで人々は殖えることができなかった。ワタリガラスは「どうしたらよかろう」と考えはじめた。

一人の小さなクモ女が天からごく細い糸に乗って降りてきた。「おまえは誰だ」。「わたしはクモ女のクルグネウトです」。「そうか、何をしにここへ来たのだ」。「男ばかりで、女がいなくて、どうやって人々が暮しているのかと思って。それでわたしはここに来たのです」。「でも、おまえさんは小さすぎる」。「それはどうってことない。ここをごらんなさい」。彼女の腹は大きくなり、身ごもり、それから四人の娘を産んだ。彼女たちはとても急速に成長して、大人になった。「さあ、これから見ていて下さい」。

一人の男がやってきた。それはワタリガラスと飛び回っていた男だ。彼は女たちを見て言った。「これは何という生き物だ。わたし自身にとてもよく似ているが、まるでちがってもいる。だが、相棒として一人欲しいものだ。わたしたちはばらばらになって、別々に暮している。これは快適ではない。一人でいるのは退屈だ。このうちの一人を相棒として連れていきたいものだ」。「だが、これは腹をすかせるぞ」。「何だって腹をすかせなきゃならないのだ。わたしには食物がたくさんある。われわれはみんな狩人だ。わたしがたっぷりと食わせてやる。ひもじい思いは決してさせないぞ」。

彼は一人の女を連れていった。翌日、ワタリガラスはその二人のところへ行った。そして天幕に穴をあけて、のぞいてみた。「ありゃ、奴らは寝室の反対の隅っこに別々に眠っておるわい。こりゃ、いかん。あれでは人間を殖やすことはできん」。

彼はそっと言った。「今日は、今日は」。男は目を覚まして返事をした。「こっちへ来い。わしは入るぞ」。ワタリガラスは入ってきた。女は素裸で寝ていた。彼は近寄ると彼女の片腕のにおいを嗅ぎ、鋭い嘴《くちばし》で彼女をつついた。「おお、おお、おお」。「静かに。人に聞こえる」。彼は彼女の両脚を広げて交わった。そして、それを繰り返した。一方、男は外に立っていた。彼は寒くなったので、こう言った。「あなたはわたしを無視しているようだが」。「さあ、入れ。おまえもわかるだろう。おまえたちが殖えるにはこうするのだ」。男は入ってきた。女は「気持ちがいい。もう一度繰り返したい」と言った。男は「どうするのかわからん」と答えた。「さあ、もっと近寄れ」。男は「ああ、すばらしい」と言った。彼らは睦《むつ》み合った。

こういうわけで女の子たちは男の子よりも早くから性交を知っている。こうして人類は増殖した（荻原真子『東北アジアの神話・伝説』東方書店）。

生真面目な創造主

ワタリガラスのクールキルとその仲間のやった創造は、たしかにあきれるくらいにいいかげんで、つぎのような「唯一神」の創造の記録と見比べてしまうと、先住民が恥ずかしくなってしまったという気持ちも、わからないではありません。

はじめに神が天地を創造された。地は混沌としていた。暗黒が原始の海の表にあり、神の霊風が大水の面に吹きまくっていた。神が、「光あれ」と言われると、光が出来た。神は光を見てよしとされた。神は光と暗黒の間を分け、神は光を昼と呼び、暗黒を夜と呼ばれた。こうして夕あり、また朝があった。以上が最初の一日である（関根正雄訳『旧約聖書――律法』）。

まことにりっぱな創造の行為です。しかし、以下もこの調子でりっぱすぎる行為が続くものですから、退屈をおそれて、私はここで引用をやめたのです。「面白い」という一点に絞れば、ワタリガラスの創世神話のほうがはるかにすぐれた作品です。どうも旧訳聖書「モーセ五書」の作者たちは、それまでの人類の神話作者とは、根本的に違うところに関心が向かっていたようです。

では、「トリックスター」のワタリガラスがおこなった創造の行為と、唯一神ヤハウェのおこなった、まことに生真面目な創造の行為は、いったい何が本質において違っているのでしょうか。

「超越性」の現実への介入

ワタリガラスの創造主が見せるいいかげんさの背景には、世界はもともと不完全なものとして出来上がっており、それを創造した知性もまた不完全なものであったはずだ、という認識があるのだと思います。そもそも人間の知性も思考も、自然（ここには動物も植物も人間もスピリットも含まれます）の全体性の中から生まれたものとして、自然と一体なのですから、知性や思考を根拠づけているいかなる「超越性」もない、と考えるのが、対称性社会に特有の思考法でしょう。

知性は自分の限界まで進んでいって、そこで「超越性」に触れ、それについて思考することはできても、自分自身を根拠づけているのが、その「超越性」だとは考えなかったでしょう。そのために、「知」は権力になることがありませんでした。権力Powerの源泉は、あくまでも自然の奥に秘められているものであって、人間の知性がその権力を自分のものとすることはできないというのが、こういう社会に特有の、自然に対する慎ましさや倫理観をつくっていました。

力強い「唯一神」は、つい力にまかせて、人類がこの地球上で生きていくために必要な、その慎ましさの感覚を壊してしまい、人類が長い時間をかけて形成してきた「地球に生きるものすべてに必要とされる倫理」を、忘却に追いやってしまったのではないでしょうか。多神教宇宙の記憶をもった私たちには、そのように思えてなりません。

巨大爬虫類の選びとった進化

地球上に存在しているあらゆるものに対して慎ましさの感覚を持つためには、いつもどこかで「対称性の倫理」が働いていなければならないことを、私たちはすでに神話の研究をとおして学んできました。神話は動物や植物などが、はじめ人間とおなじようにことばもしゃべり、おなじように感情や思考の能力をもった存在として、人間の友であり兄弟であり、親や子供同士であったと語ることによって、わかりやすいかたちで、このような「対称性の倫理」を伝えてこようとしたのでした。

このような倫理やそこから発生する慎ましさの感覚が生まれることができるためには、人間の心になんらかのかたちでの「全体性の思考」が、働いている必要があります。そうでないと、人間は地球上で特別の存在であると考えたり、人間のおこなう思考は最高で間違いがないなどという、思い上がった考え方がすぐにその心に芽生えてきてしまうほど、人間は不完全に出来ている生き物だからです。あらゆる存在が、細い光る糸でつながっているというのが、スピリット世界での物の考え方でしたが、たしかにそこでは神話をとおして、そのような「全体性」の感覚がすみずみにまで生きていました。

唯一神を生み出すにいたった一神教の思考の冒険は、人間に膨大な知識と富の集積とをもたらしました。現代の自然科学も資本主義にもとづく市場経済のシステムも、もとはといえばキリスト教という一神教が地ならしをしておいた土地の上に、築き上げられたものとして、細かい部分にいたるまで、一神教のくっきりとした刻印が押してあるのがわかります。なぜそんなことが可能になったのでしょう。心の内部を徹底した「非対称性の原理」にもとづいて組織し直すことを、一神教が精力的におこなってきたからです。そして、その原理は、いまや「グローバリズム」という名前のもとに、地球の全域で大きな影響力を行使するにいたっています。

現生人類が「非対称性」に方向づけられて発達させてきた心と、巨大爬虫類の選び取った進化の方向は、たしかによく似てしまっているようです。そのことがどのような恐ろしい未来をもたらすことになるか、だいたいの結末は私たちにもわかっています。それなのに、大きな方向転換の流れをつくりだすことが、誰にもできないでいるのです。

現代文明は巨大爬虫類たちの生命活動が残していった莫大な石油を消費しながら、なおも前に進もうとしています。それと同じように、心の巨大爬虫類としての一神教の大きな遺骸を食べ尽くしながら、今日のグローバリズムも生きているのでしょう。

そういう危機のときには、私たちの心がどこからやってきたのか、どのような道筋をたどっていまの袋小路にいたったのかを、まずじっくりと考え直してみる必要があります。唯一神の思考も、科学の思考も、経済の思考も、すべてはかつてスピリットが出現したのと同じ場所で生まれているのですから、いまいちど発生学の視点に立って、すべての歴史的出来事の意味を問い直そうとする探求が必要になってくるはずです。「神は細部に宿りたもう」と言われますが、人生の細部にひそんで私たちの思考を決定づけている神《ゴッド》の足跡を追うことほど、難しいことはありません。発生学の視点だけが、その困難を乗り越えていく知恵をあたえてくれるでしょう。

終章

未来のスピリット

スピリットの躍動と「神《ゴッド》の死」

『愛と経済のロゴス　カイエ・ソバージュIII』の読者は、教会と王権に支配されたヨーロッパの古い体制を崩壊させたフランス革命の直前に、「自由スピリット」の異常に昂揚した活動が、西ヨーロッパの各地におこったことを、憶えていることでしょう。キリスト教の三位一体の教義の中にがっしりと組み込まれて、厳しい教会の管理下に自由な活動に制限を加えられていたスピリット（そこでは「聖霊 Holy Spirit, Saint Esprit」という立派な名前が与えられてきましたが）が、いっせいに自由な活動に繰り出していったのです。

興味深いことには、それと時期を同じくして、人々の間に「神《ゴッド》の不在」をめぐる噂がひろがっていきました。本当はもう神《ゴッド》は人間の世界を去って、どこかへ行ってしまったのではないか、という心配です。そして、それから百年もたたないうちには、不在どころか「神《ゴッド》は死んだ」とおおっぴらに語り出す人々までが現れて、人間の世界になにか本質的な変化がおこっていることを、多くの人々に印象づけたのでした。スピリットの躍動と「神《ゴッド》の死」とは、どうやら深い関連をもっているように思われます。

その昔、神《ゴッド》はスピリット世界を解体し、それを別の観念の組織体に組み換える運動の中から出現してきたものです。さらに一神教が成立すると、ファンダメンタル（原理的）な一神教徒の間では、スピリットの活動そのものをいかがわしいとして否定する見解のほうが、圧倒的に強かったのです。しかし、それを救い上げたのはキリスト教でした。キリスト教は、スピリットに「聖霊」の名前を与えて、父と子と聖霊からなる三位一体の神《ゴッド》をめぐる教義の中心部に、もう一度据えたのです。

そのキリスト教がほんものの危機に瀕して、「神《ゴッド》の死」が公然と語られるようになったその時代に、スピリットだけは異様な活力を帯びて、社会のいたるところに活動の痕跡を示すようになりました。「トーラス」の真ん中の空虚は、もはや神《ゴッド》の「完全性」によって埋められることはなくなったのに、空洞になった中心部を、「聖霊の風 Le vent Paraclet」が吹き抜けるようにして、現代ははじまったと言えるかもしれません。

いったいこれは何を意味しているのでしょうか。

このことの意味を深く考えることは、現代人の心が「超越性」というものと、どのように関わり合っているのかを知ることにつながるでしょう。この講義の中で、私はホモサピエンス・サピエンスの心の構造はかならずや「超越性」の領域に触れることになるようなつくりをしているために、そうそう簡単に「無神論」になることはできないのだと言いました。「神《ゴッド》の死」ののちも、原初の「超越性」であるスピリットだけは生き続けるのかもしれません。

一神教の神《ゴッド》がはなばなしい活躍の果てに、静かな死を迎えたのだという、このところ哲学者たちの語ってきた噂がたとえ本当だとしても、私たちの心の構造の中には、依然として生き続けているものがあります。それが、スピリットです。スピリットから唯一神まで、「超越性」の概念のたどってきた長い道のりについてお話してきた今学期の講義の最後に、私はこのスピリットの「未来」というものについて語ってみようと思います。

一神教のエジプト化

一神教の内部にスピリットの存在を組み込むという大胆な試みをはじめたのは、二〜三世紀頃のカッパドキア（いまのトルコ）やエジプトのキリスト教徒だったようです。唯一神への信仰をファンダメンタルに理解すれば、とうていそういうことはできないはずだったのですが、彼らは神《ゴッド》というものを父－子－聖霊からなる「三位一体」として理解し、またそこに聖母マリアへの信仰まで持ち込もうとしたのです。

さすがにこれには批判が噴出することとなりました。シリアの方面で活動していた司教たちの多くは、これを「一神教のエジプト化」として、激しく非難しました。彼らの言い分を聞いてみると、まったくもっともだと思える点が多々あります。唯一神が純粋な高神として、自分の中から女性性を完全に取り除いて「父性」を全面に出してくるのは当然だとしても、その「父」が自分とまったく同じ本質を持つ「子＝イエス」を生み、さらには信者の心を躍動でみたすスピリットの活動までをも「聖霊」と呼んで、神《ゴッド》の本性の一つであるとする思考法は、一神教をふたたび多神教に連れ戻すものではないか、と批判が出たのです。

こういう批判者の眼からすれば、マリアへの信仰は、イナンナやアナトのような古い母神のイメージを復活させて、一神教のすがすがしくも空虚な聖堂に、多神教的な対称性の神々への思考を忍び込ませる、由々しいしわざだと思われました。一神教の純粋さを汚染する試み、という意味で、三位一体の教義やマリア信仰は、一神教ファンダメンタリストたちによって「エジプト化」と誹《そし》られることになったわけです。

三位一体――生命の原理

これはあきらかに一神教の多神教への妥協をあらわしています。そのことに対して、キリスト教のアジア側の代表者たちが反対したのも、もっともなことだという気がします。しかし、長い目で見れば、この妥協が西欧文明に驚くべき強靭な骨格をもたらし、将来それが地球規模での影響力をもつことになる、一つの重要な要因をつくったのではないか、と私は考えます。

とくに三位一体の教義は、とても興味深い問題をはらんでいます。ユダヤ教以来の一神教では、唯一神の単純さ、不変性、堅固な永続性などの性質が、強調されていました。ところが、西欧で発達することになるキリスト教はそこに（1）父と子の同質性と（2）聖霊《スピリット》の増殖する力、という二つの原理を組み込んだことになります。（1）の原理は、生命や生命の類似物が、DNAのような変化しにくい機構をとおして、情報をまちがいなく未来に伝達できることを示そうとしていますし、(2)の原理は、同質性をもったものでも増殖して、どんどん豊かになっていくことができるということを、言わんとしています。

これは「生命」と「経済」のことを、神《ゴッド》についてのことばを使って言い表している、とも受け取ることができます。生命は同じ形質をつぎの世代に伝えていくことによって、続いていこうとします。つまり、父が子に同じ形質を伝えるやり方で、自分を未来に伝えていこうとする意志の表現なのでしょう。

ところが生命そのものは、形質についての情報を伝えるゲノムのみによっては、生きることができません。まだよく解明されていないので、現代の生物学はそういうものの存在を否定していますが、生命体の内部になんらかのエネルギーを放射している機構、十九世紀の生物学が「生命力」と呼んでいたものの存在が必要になってくるでしょう。生命という活動は、情報だけでなりたっているものではないはずですから、この機構の理解がいまに問題として浮上してくるに違いありません。

このように生命は、情報を正確に伝えていく機構と「生命力」との、二つの側面をもっていることになります。これを、ファンダメンタルな一神教の思考で理解しようとすると無理が生じてきます。生命と神《ゴッド》の理解をうまく適合させるためには、神《ゴッド》が愛や慈悲のエネルギーを世界にあまねく放射していることによって、生命は生き続けることができるという風に、柔らかい理解に変えていかなくてはならないでしょう。

キリスト教は、のちのち西欧で発達することになる「正統教義」というものを定めたときに、早くもそこに「生命の原理」の構造を持ち込んでいたわけです。これは、宗教思想としてはまことに柔軟な姿勢をあらわしています。宗教思想は、しばしば生命を否定したり抑圧しようとする頑《かたく》なな態度を見せます。生命は欲望の源泉であるとして、「生命の原理」を容認しないという態度を見せることが多いのです。

ところが、キリスト教は、一方ではいかにも宗教らしく欲望やセックスを否定しながら、その教義の根本には、三位一体という表現でカモフラージュした「生命の原理」が、たくみにセットしてあります。そのために、生命の活動と欲望が生み出すものに対して、柔軟な対応をおこなう欲望的な文明を、準備することができたのだと思います。この点が、同じ一神教と言いながら、キリスト教とイスラム教の根本的な違いをつくりだすもとになっています。正統的なキリスト教からは原理主義が発生しにくいのに、イスラム教やプロテスタントのキリスト教の中からは、原理主義が発生しやすいというのも、このあたりに原因があるのではないでしょうか。

スピリットが明かす商品の秘密

また三位一体の構造は、商品社会の原理までも、先取りしています。商品とはスピリットの物質化

経済的流動体		心的流動体
単純性、均質性、 計算可能性 （貨幣） ↓ 多様性、価値増殖性 （商品）	≃	単純性、均質性、 「一なるもの」 （高神、唯一神） ↓ 増殖性、多様性 （スピリット、聖霊）

した化身であるとさえ言えるのではないか、と私は思うのです。それはこういうことです。

物と物を「交換」する行為を積み重ねていくと、そこに共通の価値尺度というものが、自然とつくられてきます。そのうちにその共通の価値尺度を表現できるもので、持ち運びや保存に便利な貨幣が生まれてきます。この貨幣は、純度の高い金属などでつくられることが多く、そのことによって物の交換価値をいくらいくらと数量に換算できる、単純で均質な価値を表現するものとなれるのです。

しかし、物はただたんに「交換」されるだけではありません。物を売って、そこから利潤を発生させる「商品」というものが、すぐに生まれてくるからです。つまり、物を売ることによって、価値が増殖するという事態を、商品はつくりだすのです。物のたんなる交換や貨幣の受け渡しだけでは、こういう増殖はおこりません。物が商品という特殊な対象にあらかじめ身分を変えておかないと、こういうことはおこりません。商品は増殖の原理を自分のうちに秘めているのです。

この過程は三位一体の構造そのものです。三位一体は、心という流動体の内部でおこっていることを構造として表現したものですが、それと平行関係にある構造を、「経済」という流動体の内部にそっくりそのまま見出すことが可能です（詳しくは、私の『緑の資本論』をお読み下さい）。

こういう性質をもった商品の巨大な集積として出来上がった社会が、私たちの生きている「資本主義」にほかなりません。商品の内部には、キリスト教の三位一体と同じ構造の世俗版を見出すことができます。ということは、資本主義社会を動かしているエンジン室の設計は、三位一体の構造をモデルとして書かれていることになります。しかも、そこでもっとも重要な商品の増殖原理の部分を担当しているのは、ほかならぬスピリットなのですから、ここに資本主義とスピリットとのただならぬ関係が、大きく浮かび上がってくることになるのです。

透明なガスとなって

世界中でいちばん早く資本主義が発達したイギリスで、「自由スピリット運動」が労働者の間に燎《りょう》原《げん》の火のように広がっていったことは、前にお話したとおりです。その出来事の意味はいまやあきらかです。労働力から生命から、ありとあらゆるものを商品に変えていこうとする資本主義が、本格的にアクセルを踏み出したそのとき、人々の思考は無意識のうちに、自分たちの前に開かれようとしている新しい世界の本質を、「スピリットの跳梁《ちょうりょう》する時代」としてとらえた、ということです。

そして、同時にそれは「神の死《ゴッド》」を予見するものでもあったわけです。一方では商品として物質化したスピリットの爆発的な活動によって、もう一方では教会の権威に服従することを拒否するプロテスタント的な「自由スピリット運動」の社会の表面への浮上によって、キリスト教文明の土台が大きく動揺しはじめました。こういう事態がやってくることは、キリスト教が三位一体の教義をとおして、スピリットの原理を自分の内部に組み込んだ当初から、すでに準備されていたとも言えるでしょうが、西欧文明はこれ以後、神《ゴッド》の死と引き換えに、資本主義のグローバル化という新しい形態の影響力を、全地球的な規模に拡大していくことになります。

神《ゴッド》は死んだかもしれませんが、そのあとには、もともと神《ゴッド》の性質の一部分であった「均質化」と「情報化」の原理は、貨幣やコンピュータに姿を変えて、生き残りました。スピリットは物としての商品ばかりではなく、広告や映画やマスメディアの領域でも、恐るべき跳梁を続けています。物質化したスピリットを亡霊と呼ぶならば、「近代」はこの亡霊化したスピリットによって開かれた時代だとも言えるでしょう。

「均質化」「情報化」「商品化」と並べてみれば、私たちの生きている現代社会の特徴が、それだけでも描き尽くせるほどですが、私たちが見てきたように、それは三位一体の原理を物質化・世俗化した表現にほかなりません。いまでは日曜日になってもヨーロッパの教会はからっぽかもしれませんが、三位一体の原理はいまや透明なガスとなって、地球の全域を取り巻いています。それほどこの教義が布教に成功したことは、いまだかつてなかったことかもしれません。

スピリットの危機

しかし、それをスピリットの復活などと言って、喜んでいる場合ではありません。あらゆるものを同質の価値の水路に流し込んでしまう商品社会の中で、あくせくと労働させられながら、スピリットはもう死にかかっているのかもしれないからです。労働は筋肉や思考の働きを狭い範囲に制限して、その中での効率のよい働きを求めようとするものです。そこで商品に物質化したスピリットがいくら数量を増殖させて、一見豊かな社会づくりに奉仕しているように見えても、じっさいには生活の多様性はどんどん貧しくなっていっているからです。

思い出しても見て下さい。現生人類の脳にはじめて出現したとき、スピリットは知と非知の境界領域につぎつぎと発生しながら、人類に自分の心の内部にある「超越性」の領域の存在を、なまなましく直感させる働きをしていました。それは外界に見えるものではない、純粋な心の内部の形態《エイドス》を見えるものにし、耳が聞くのではない音や声を、まだ素朴な心の持ち主であった人間たちに、聞かせることができたのでした。

スピリットは人間の心を思考の外に連れ出していく力を持っていました。それはスピリット世界が多神教宇宙に作り変えられ、異質な領域をめまぐるしく駆けめぐる高次元の運動をしていたスピリットが、遠くに分離された他界からやってくる「来訪神」や「豊穣神」に姿を変えたあとでも、まだ十分にその能力は発揮されていたのです。キリスト教の三位一体の窮屈な構造の中に組み込まれるようになったあとでさえ、魂を遠くに連れ去っていくスピリットの力は衰えませんでした。

ところが、商品社会に生きるスピリットには、もう人々の魂を外に連れ出したり、ただの記号や看板ではないほんものの「超越性」の領域に触れさせたりする能力のいっさいが、失われてしまっています。あらゆるものを単一の価値の水路に流し込んで平準化してしまう商品社会の中にセットされたスピリット原理は、むなしい元気を振りまいてみせるだけで、ほんとうはもう息も絶え絶えになっているのが、痛いほどにわかります。スピリットの跳梁とともに開始された「近代」は、そのスピリットさえも消費し尽くそうとしています。「聖霊の風」がどこからも吹いてこないような時代は、人類の心にとってはいまだかつてないほどに貧しい時代です。

Religion After Religion（あらゆる宗教の後に出現するもの）

しかし、ここで思い出してみなければならないことがあります。現生人類の心の構造が形成されるのとまったく同時に、そこには「超越性」の最初のまたたきが、発生したのではなかったでしょうか。私たちの心は、どんな状況に置かれていても、「超越性」の領域への通路を、完全にふさいでしまうということがないようにつくられています。

数千年にわたって、その通路を整え、管理してきたのは、宗教の存在でした。宗教は「超越性」に名前を与え、ときにはそれを像に刻み、その領域の光景を描写してみることまで試みてきました。その宗教がしだいに力を失うようになってからすでに年久しく、「超越性」の領域への通路には無数のゴミが分厚く堆積して、「聖霊の風」のさわやかな流れを阻《はば》み、恩寵《おんちょう》も奇跡もめったなことでは及んでこれないほどに、「この世」の仕組みはふてぶてしいものになってしまいました。

そういう世界を自分の手でつくりあげてしまいながら、現生人類以来の不変の脳をもった私たち人類は、なにか根本的に新しいものの出現を待ち望んでいるように感じられます。その根本的に新しいものは、商品社会がふさいでしまった「超越性」への通路を、ふたたび開いてみせるものでなければなりません。数千年の歴史をもつ古い諸宗教に、それを実現できる余力は残されているでしょうか。スピリットから唯一神へと展開していった一神教の内部から、私たちの言う根本的に新しいものを生み出すという可能性はあるのでしょうか。大統領が自分たちのとっている軍事行動を正当化するために、「神《ゴッド》」の名前を唱えるたびに、私たちは、そのような可能性はたぶんないだろう、と思わされてしまうのです。

あらゆるものを商品化し、情報化し、管理する今日のグローバル文明は、長い歴史をもつ諸文明が生命を汲み上げていた泉の多くを、すっかり干上がらせてしまいました。本物そっくりの偽物はあふれかえっていますが、じっさいにはすでに根を断ち切られているので、古い伝統をもつ宗教でさえ、いまでは造花の美しさや見かけの正しさしかもっていないケースがほとんどです。

しかし、そんな人類に変わっていないものが、ひとつだけあることを忘れてはいけません。それは私たちの脳であり、心です。数万年の時間を耐えて、原初のみずみずしさをいまだに保ち続けている、現生人類の脳だけは、いまだに潜在的な可能性を失ってはいません。そこにはまだ、はじめて現生人類の心にスピリット世界が出現したときとそっくりそのままの環境が、保たれ続けています。根本的に新しいものが出現する可能性をもった場所と言えば、そこしかありません。私たちはそこに、来《きた》るべき未来のスピリットを出現させるしか、ほかには道などないでしょう。

未来のスピリット

その来るべきスピリットがどんな形をとることになるか、私たちにはひとつの重要なヒントが残されています。

手塚治虫が「鉄腕アトム」のイメージを造形しようとしたときに、そのイメージの源泉になったものは、昆虫の世界でした。子供の頃から親しんでいた昆虫の社会をとおして、彼は生命の世界の奥深い構造を垣間見てきたのです。地球上の生物の中でも、昆虫ほど種の多様性できわだっている生物もいません。小さな谷筋を捕虫網を手に蝶々を追いかけていくだけでも、二十何種類ものめずらしい蝶に出会うこともまれではありません。昆虫はひとつひとつの生物の存在が、巨大な「生命」なるものの自己表現の様式であり、その「生命の自己表現」は単調や均質を嫌って、多様性の産出ということを自ら楽しんでいるようにさえ、感じさせるのです。

手塚治虫はそういう昆虫の世界を、陶酔感をもって見つめていた少年でした。その感覚は、アメリカ先住民が世界をながめるときに感じた感覚に、よく似ています。この世界にあまねく遍在している「グレートスピリット」は、巨大なうねりのように平原を流動していきながら、無数の、そしてひとつひとつがみんな違っている「スピリット」を生み出していきます。そのスピリットが身に甲冑《かっちゅう》のような殻《から》をまとえば、昆虫の出現です。

昆虫採集の体験は、ある種の「超越性」の体験をもたらす可能性を秘めています。単純で純粋な流動体から、その流動体の自己表現のようにして、つぎからつぎへと生物の多様な形態が出現してくる、その「底」の領域に触れるとき、二十世紀の少年であっても、感覚と思考は、はじめてその心にスピリットが出現したときの現生人類の脳の興奮状態を再現できるのでしょう。私たちの脳はいまだに野生状態にあるのです。その感覚の野生状態の中から、鉄腕アトムのイメージは生まれた、と手塚治虫は語っています。

聖書の神《ゴッド》を信仰した人々の想像力が生んだ最古のロボットは、「ゴーレム」という名前を与えられました。「ゴーレム」は一神教の神《ゴッド》が世界と人間を創造したように、生命のない素材に息が吹き込まれることによって、動きだしたのです。ヨーロッパの錬金術師たちは「ホムンクルス」という人造人間を、レトルトの中につくりだしましたが、ここでも創造行為のひな形は神《ゴッド》のおこなった偉大な行為でした。一神教の想像力のもとでは、ロボットも人造人間も、生命と非生命の対立をかかえたままで苦しみ続けることになります。

ところが、鉄腕アトムははじめから、そういうロボットたちとは一線を画していました。アトムは強化物質でできたロボットの身体（その身体のラインは、宝塚少女歌劇のスターたちのイメージから影響を受けているそうです）によって野生状態の心を保護した「新しいスピリット」として、生み出されたのです。

そこには、多神教宇宙の記憶がなまなましく息づいています。「高神」の理想を追い求めながらも、地上と他界にみちみちる無数のスピリットたちの望みにも、耳を傾ける——二〇〇三年に生まれ、一神教的な核技術を胸に内蔵したこの「新しいスピリット」は、来るべき時代の「倫理」を自力で創造しようとして、悩み苦しんでいました。

私たちはいまではみんな「科学の子」です。アトムにあって、私たちに欠けているものがあるとしたら、それは野生状態の心なのでしょう。しかし、心配は無用です。私たちは三万年前の現生人類と少しも変わらない脳の組織をもち、そこにはいまも「超越性」の領域への斥候《せっこう》活動を続けるスピリットが住み、私たちが自分らのほうに心を向けてくれるのを心待ちにしているのです。心の野を開く鍵は、いつも私たちの身近に放置されてあります。スピリット世界の記憶をかすかに保ち続けている私たちには、「あらゆる宗教のあとに出現するもの」について、たしかなイメージを抱くことも不可能ではありません。宗教のアルファー（原初）でありオメガ（未来）であるもの、それはスピリットです。（二〇〇二年一〇月二日〜二〇〇三年一月九日、於中央大学）

タ

ナ

索引

ア

カ

サ

神《かみ》の発明《はつめい》　カイエ・ソバージュⅣ

二〇〇三年六月一〇日第一刷発行　二〇〇三年七月七日第二刷発行

著者　中沢新一《なかざわしんいち》

発行者　野間佐和子

発行所　株式会社講談社

東京都文京区音羽二丁目一二—二一　郵便番号一一二—八〇〇一

電話（編集部）〇三—三九四五—四九六三　（販売部）〇三—五三九五—五八一七

（業務部）〇三—五三九五—三六一五

装幀者　山岸義明

印刷所　慶昌堂印刷株式会社　製本所　大口製本印刷株式会社

定価はカバーに表示してあります。

落丁本・乱丁本は購入書店名を明記のうえ、小社書籍業務部あてにお送りください。送料小社負担にてお取り替えいたします。なお、この本についてのお問い合わせは、学芸局選書出版部あてにお願いいたします。

ISBN4-06-258271-6　Printed in Japan

N.D.C.163　208p　19cm

講談社選書メチエ　刊行の辞

書物からまったく離れて生きるのはむずかしいことです。百年ばかり昔、アンドレ・ジッドは自分にむかって「すべての書物を捨てるべし」と命じながら、パリからアフリカへ旅立ちました。旅の荷は軽くなかったようです。ひそかに書物をたずさえていたからでした。ジッドのように意地を張らず、書物とともに世界を旅して、いらなくなったら捨てていけばいいのではないでしょうか。

現代は、星の数ほどにも本の書き手が見あたります。読み手と書き手がこれほど近づきあっている時代はありません。きのうの読者が、一夜あければ著者となって、あらたな読者にめぐりあう。その読者のなかから、またあらたな著者が生まれるのです。この循環の過程で読書の質も変わっていきます。人は書き手になることで熟練の読み手になるものです。

選書メチエはこのような時代にふさわしい書物の刊行をめざしています。

フランス語でメチエは、経験によって身につく技術のことをいいます。道具を駆使しておこなう仕事のことでもあります。また、生活と直接に結びついた専門的な技能を指すこともあります。

いま地球の環境はますます複雑な変化を見せ、予測困難な状況が刻々あらわれています。

そのなかで、読者それぞれの「メチエ」を活かす一助として、本選書が役立つことを願っています。

一九九四年二月　　野間佐和子

講談社選書メチエ　好評既刊